Les Châteaux du Gard

XIXe et XXe siècles

Du même auteur :

Les Motifs solaires dans la sculpture mérovingienne, mémoire de maîtrise (dactylo.), Paris, 1977.

Les Abbayes de Septimanie à l'époque carolingienne (dactylog.), Paris, 1980.

L'Âge d'or des religieuses, monastères féminins du Languedoc méditerranéen au Moyen Âge, Les Presses du Languedoc, Montpellier, 1988.

Le Vidourle, ses villes, ses moulins et ses ponts, Les Presses du Languedoc, Montpellier, 1992 ; rééd. 1996.

Les Châteaux du Gard, du Moyen Âge à la Révolution, Les Presses du Languedoc, 1997.

*L'Aude en cartes postales, villes et villages au début du XX*e *siècle*, Les Presses du Languedoc (tome I : 2001 ; tome II : 2003).

Marthe Moreau

Les Châteaux du Gard

XIXe et XXe siècles

Les Presses du Languedoc

17, rue Rigaud, 34000 Montpellier.

À la mémoire de mon mari.

Remerciements

Je tiens à remercier les propriétaires et les occupants des châteaux qui m'ont réservé le meilleur accueil et m'ont donné les autorisations et les informations sans lesquelles cet ouvrage n'aurait pu voir le jour. Ma gratitude s'adresse également et tout particulièrement à MM. Louis Brun et Philippe Martin-Granel pour leur aide précieuse.

M. M.

Introduction

Il est parfois difficile de donner une définition exacte d'un château, à plus forte raison lorsqu'il s'agit d'une demeure relativement moderne construite au XIXe siècle. Le château du Moyen Âge qui a perduré jusqu'à la Révolution est non seulement logis mais, bien plus, forteresse. Bâti pour protéger le village il en fait en général parti et se trouve toujours ou presque sur sa motte, en position altière et dominante, comme un symbole de la toute puissance de ceux qui le possèdent, mais aussi comme le recours de toute une population contre le danger. Certes, cette forteresse au cours des siècles a souvent évolué pour offrir à ses propriétaires plus de bien-être ou de luxe. Au XVIIIe siècle, surtout chez les familles disposant de moyens considérables, les transformations vont suivre le goût du jour et bien des grandes salles de gardes vont bénéficier de belles et grandes fenêtres imitant les modèles des résidences royales. Mais presque toujours il va y manquer l'essentiel : la présence constante des propriétaires des lieux, trop occupés à faire leur cour à Versailles.

Plus qu'un changement architectural, il s'agit, pour le château du XIXe siècle, d'un bouleversement dans la conception même de l'habitation. Ceux qui construisent ces demeures modernes veulent désormais y vivre confortablement tout le long de l'année et trouver dans leur environnement immédiat un climat et une ambiance qui répondent à leur besoin de luxe, de goût intellectuel, sans trop s'éloigner de la terre nourricière. Il s'y ajoute aussi le désir de s'isoler et de s'éloigner des villages, tout comme à la même époque une même séparation va s'établir dans les grandes villes, entre le quartier des savetiers et celui des financiers, ce que La Fontaine n'avait pas prévu.

Avant la Révolution, la bourgeoisie possède des terres mais cette classe qui pour le moment essaie de s'intégrer à l'aristocratie dominante, par la robe ou les affaires, bâtira peu de résidences. Elle habitera encore les villes et les gros villages et recherchera surtout l'acquisition d'une particule que va lui donner le domaine acheté. Celle-ci deviendra omniprésente comme la consécration de la réussite. Les familles bourgeoises restent encore dans l'enceinte des villages qui les ont vus naître.

Voltaire sera un peu l'exception, encore qu'il succombera, lui aussi, au charme de la particule et sa gentilhommière de Ferney fera en quelque sorte la transition entre les vieux châteaux seigneuriaux et les demeures qui vont surgir de terre quelques années plus tard, tout le long du XIXe siècle. Sa philosophie de l'existence campagnarde, qu'il a souvent exprimée dans ses lettres, pourrait servir tout à fait de modèle aux propriétaires comblés qui vont édifier leurs manoirs avec des buts bien précis et bien différents de ceux qui hantaient les anciens nobles : « Je n'aime point Paris [...], il me faut des jardins, il me faut une maison agréable dont je ne sorte guère et où l'on vienne [...]. Moi je veux du blé, du bois, du vin et des fourrages. Une terre reste. Tout autre bien peut être englouti. Je veux mourir laboureur et berger. »

Tout est dit et ces phrases pourraient devenir le *credo* des habiles constructeurs dont nous allons désormais parler. D'ailleurs il est tout à fait significatif que Voltaire n'appellera jamais Ferney son *château,* mais utilisera pour cela tous les antonymes possibles : hutte, chaumière et cabane.

Ce nouvel art de vivre va donner à toute cette architecture nouvelle une certaine unité, résidant bien sûr dans son adéquation parfaite avec le climat et la lumière du Gard, son ciel si brillant ainsi que le vert profond de ses forêts d'yeuses (« qui redouble des bois, l'horreur religieuse », nous dit l'abbé Dellile) ou de châtaigniers, imbriquées avec ses vergers et ses vignes comme des clairières dans un parc. Monsieur le duc de Castries, dans sa préface à l'ouvrage sur les *Merveilles de la Provence* note déjà que ces habitations ne peuvent se concevoir sans le soleil qui leur donne leur vraie dimension.

Il ne faut pas oublier non plus que toutes ces résidences qui ne doivent rien à la nécessité du lieu, des partis ou des guerres, représentent, bien sûr, l'aboutissement du rêve personnel de ceux ou celles qui les ont conçues ou bâties. Ainsi le terme de château est souvent abandonné, voire même oublié, car la Révolution est passée par là et dans le langage courant languedocien on préfère parler de « belle campagne » qui montre bien les soucis majeurs qui en ont déterminé la construction. Elles vont désormais remplacer ce que les bourgeois fortunés d'avant la Révolution, vivant le plus souvent près de la cour ou des grandes villes, retenus par leurs charges, appelaient leurs maisons des champs.

Qui sont en général les constructeurs de ces résidences d'un goût nouveau ? On sait à quel point la Révolution a précipité l'ascension d'une classe bourgeoise qui a su habilement profiter de la redistribution des terres et des richesses, aux dépens des anciennes familles écartées du pouvoir ; mais beaucoup de celles-ci ont pu se refaire une santé sous l'Empire où les grades dans l'armée et les postes obtenus leur ont parfois apporté beaucoup d'argent. Ces familles souvent émigrées s'étaient vu alors dépouiller de leurs biens ruraux, lorsque la loi de 1825, dite du milliard des émigrés a redonné à certains des sommes considérables qu'ils ont employées à acquérir de nouvelles propriétés. L'époque n'est plus propice aux nombreuses places à la cour et, surtout, l'anglomanie déferlante pousse nombre de bourgeois et de nobles vers une agriculture raisonnée. La Restauration est, ne l'oublions pas, l'époque de nouveaux et nombreux traités d'agronomie, cette dernière devenant une science à part entière que la classe aisée se devra de connaître. C'est l'époque des comices et des prix, si recherchés, et dans notre région beaucoup de propriétaires sont abonnés à des journaux traitant d'agriculture et d'économie rurale.

L'explosion viticole sans précédent, dans le Midi, va leur donner raison et incitera bon nombre de familles importantes, nobles ou bourgeoises, à venir acquérir des terres chez nous pour profiter de cette manne, due en partie aux besoins d'une armée toujours plus nombreuse et aux facilités d'un commerce moderne aidé par le canal des Deux-Mers, puis par l'extension de voies de chemin de fer. Dans le Gard cette montée en puissance de la vigne sera en partie retardée par l'importance de la production de soie qui va laisser des traces dans le paysage : allées de mûriers dans les parcs et le long des vignes, et dans l'architecture : aménagements des communs pour l'élevage des magnans.

Le nouveau propriétaire va donc vouloir une maison agréable, bien située au milieu des jardins, entourée des bâtiments d'exploitation, des vergers, des champs et des bois. On revient à une sorte de villa romaine construite au centre du grand domaine, que ne protège aucune défense, car la période de paix permet aux campagnes de respirer sans chercher à se garantir par des ouvrages spéciaux ou une position dominante. On ne cherche plus à étaler sa puissance, car l'on sait combien elle a été la source de jalousie mortelle dans une période récente que personne n'a oubliée. Si l'on recherche encore les tours, ardoisées si possible, c'est pour sacrifier au goût du jour, au pittoresque romantique amoureux du gothique (la Restauration est aussi l'époque d'Augustin Thierry et de l'établissement de l'École des chartes) et, parce qu'elles sont la représentation mythique d'une sorte de droit seigneurial que les bourgeois adorent au même titre que la particule.

Le Gard toutefois, a su garder la tête plus froide que le Biterrois ou l'Anjou. Moins riche aussi, il a su conserver parfois et adapter le charme de ses vieux mas et la couronne de ses génoises que le soleil de midi ombre comme le khôl des almées. Il en gardera aussi le nom parfois et l'on parle plus facilement du mas de Masserau à Sommières ou du mas du Juge à Aubais que de châteaux.

La vie intellectuelle des familles bourgeoises terriennes s'est aussi fortement améliorée après la Révolution. Nombre de ces belles demeures comportent des bibliothèques superbes, mais on n'y trouve pas à ma connaissance des théâtres aussi surprenants que celui de Voltaire à Ferney, dont les coulisses perfectionnées faisaient l'ébahissement des visiteurs. Le côté épicurien va se manifester par des salons éclairés, des escaliers monumentaux et surtout dans l'agencement des jardins où les sources des Cévennes permettent de ménager des bosquets ombragés et des jeux d'eaux admirables. C'est là aussi que toutes ces familles modernes vont employer leur argent et leur science à enrichir la flore locale en y acclimatant tant d'espèces lointaines : bambous, araucarias, palmiers divers, magnolias et même platanes, dont André Chamson, le Gardois, dira que l'ombre est fraîche sous ces arbres aux troncs recouverts de peaux de panthère. Cet exotisme, s'il ne déborde pas dans la campagne environnante comme il le fera à la même époque sur la Côte d'Azur, si proche, reste cantonné bien à l'abri des hauts murs des parcs et dans les serres délicieuses où sont entretenus citronniers et orangers que chaque printemps verra revenir sur l'esplanade principale dans leur habillage verni des magnifiques pots d'Anduze.

Les communs ont remplacé l'ancienne ferme du château, autrefois collée aux premières maisons du village, où le propriétaire, agronome averti, a su allier la commodité à la modernité et parfois à la beauté. La viticulture a un énorme besoin de chevaux et la cavalerie languedocienne est, au XIXe siècle, la plus belle de France. Comme les caves mais avec souvent plus de luxe, les écuries sont un signe de puissance, le nombre de chevaux allant de pair avec les hectares complantés et les hectolitres de vin récolté. Un seul coup d'œil aux stalles confortables, où le nom de chaque bête s'étale sur une plaque ouvragée, donne la dimension et la puissance du domaine, donc de son heureux propriétaire : cinq percherons, bretons ou ardennais sont nécessaires pour une propriété viticole d'une trentaine d'hectares, auxquels doivent s'ajouter les demi-sang pour la selle, les victorias, coupés et autres landaus. La pièce réservée à la sellerie est toujours parfaitement adaptée, claire et munie d'armoires vitrées, les cuivres y sont faits chaque semaine et l'ensemble fleure bon l'encaustique, le cade et l'avoine fraîche.

Pour l'architecture de son manoir moderne, le bourgeois éclairé voudra de l'art, du beau et tel Cyrano d'Edmond Rostand trouvera que « c'est bien plus beau lorsque c'est inutile ». D'où, souvent, la floraison d'un baroquisme un peu kitsch, faisant surgir bon nombre de fausses tourelles, de faux créneaux, de faux mâchicoulis, fruits d'un lyrisme échevelé qui a beaucoup vieilli, mais dont il est facile de voir que certaines manifestations lorsqu'elles proviennent d'architectes comme Viollet-le-Duc gardent encore une réelle grandeur.

Aimargues G6

Château d'Andron

Andron est le nom du mas antérieur, datant du XVIIe siècle. Louis d'Andron, le plus ancien propriétaire connu, était premier consul d'Aimargues en 1613. Ce mas fut acheté, en 1783, par Jean-César Vincens-Planchut, puis la baronne de Daunant née Vincens construisit le château sur ses bases, en 1888.

Le domaine revint par héritages aux enfants de sa sœur dont Jeanne Bérard, épouse d'Eugène Demarçay* et à Marc Demarçay en 1945. Celui-ci ayant épousé Monique de Seynes, leur fille Camille l'apporta en mariage à M. Joseph de Carayon-Talpayrac qui le mit en vente en 1999.

Le domaine appartient aujourd'hui à la société d'informatique ITESOFT. Son PDG, M. Didier Charpentier a installé des bureaux dans un grand immeuble en verre, à quelque distance du château.

Description : Dans un parc de plus de 4 hectares, à l'orée du village, le château se présente comme un bâtiment du style anglais, en honneur à l'époque. Sur plan quadrangulaire avec une avancée centrale sur trois de ses façades, il comporte un rez-de-chaussée surélevé, un étage et des combles sous le toit en bâtière hérissé de cheminées de style Louis XIII.

La porte d'entrée est au milieu de la façade méridionale sur l'avancée qui, d'une seule travée, se présente en pignon. À l'étage, les fenêtres géminées en plein cintre sont surmontées d'une petite fenêtre rectangulaire à encadrement de pierre. Cette façade est égayée par deux médaillons en céra-

Façade sud du château d'Andron à Aimargues.

* La particule fut supprimée à la Révolution.

mique bleue marqués des initiales D et V (Daunant, Vincens). De chaque côté de cet avant-corps, s'élève une seule travée également à un étage avec, dans le toit, une fenêtre à mansarde à fronton triangulaire, dans lequel s'inscrit un quadrilobe.

Les chaînes d'angle et les encadrements des ouvertures, en harpe, donnent à l'ensemble un aspect très soigné. Les fenêtres sont surmontées d'un larmier. L'étage est souligné d'un étroit bandeau saillant qui fait le tour de l'édifice en incluant le bâtiment accolé à l'est qui était destiné aux domestiques.

Sur la façade occidentale triangulaire, l'avancée comprend, pour une travée unique, une véranda aux vitraux sans décor et un étage pourvu d'un balcon à balustrade. Au nord, la grande fenêtre à meneaux assure l'éclairage de la cage d'escalier.

Le hall d'entrée s'ouvre, à droite et à gauche, sur les pièces de réception. Le fond est occupé par un admirable escalier en bois de chêne éclairé par un vitrail à décor géométrique. Les hauts lambris dans le goût de l'époque et toutes les boiseries sont également en chêne. On remarque un poêle alsacien d'origine, en faïence, avec un décor mythologique s'inspirant des quatre éléments.

Dans le parc, la serre est du XVIIIe siècle et la belle allée de platanes qui conduisait au mas a été conservée.

ALÈS F3

Château de Rochebelle

Le château de Rochebelle est situé dans la montée des Lauriers, faubourg du Marché. Ce quartier de Rochebelle était, au XVIIe siècle, la résidence d'été des évêques d'Alès.

D'après l'expertise de 1976 réalisée à l'occasion de son achat par la ville d'Alès, le château daterait de 1880 environ, contrairement à l'avis d'Élisabeth Fontanieu qui le croit bien antérieur. Les fondations très importantes où se trouve un souterrain attestent, en effet, un bâtiment plus ancien.

La propriété, connue au Moyen Âge sous le nom de domaine de Brouzenc, fut appelée, au XVIIIe siècle, ferme de Rochebelle.

Après avoir appartenu à divers propriétaires, elle fut achetée, en 1790, aux époux Lejolivet par François-Pierre Diart de Tubeuf, concessionnaire des mines de Rochebelle, et sa femme, Marie-Marguerite Brochet. Puis le château servit à loger les directeurs des houillères.

Description : Cet important bâtiment rectangulaire couvrant une surface au sol de 300 mètres carrés, s'élève à deux étages, plus des combles. Une balustrade dissimule le toit de tuiles. L'aile nord a été rajoutée pour la construction de bureaux.

Un escalier de huit marches monte à la grande terrasse en gravier, devant la façade orientée au sud-ouest. Cette façade de style néoclassique est très intéressante. Elle comporte quatre travées avec, devant les deux fenêtres centrales du premier étage, un balcon où l'on peut voir le monogramme de la famille Tubeuf. Les fenêtres en plein cintre sont encadrées de colonnettes doublées de pilastres cannelés allant du balcon au sommet. Le balcon est soutenu par deux colonnes à chapiteau ionique.

En ouvrant la porte, on est accueilli par le *Cave canem* de Pompéi dans la mosaïque du seuil. Face à l'entrée, l'escalier à deux volées monte sous deux arcades. De grandes pièces ont été aménagées pour la nouvelle destination du château devenu le musée-bibliothèque Pierre-André-Benoît, du nom du donateur d'une importante collection d'œuvres d'art. Aux étages, de beaux plafonds sont ornés de guirlandes.

Le château domine un grand jardin en déclivité, reste d'un grand parc qui devait descendre jusqu'au Gardon. À quelque distance du château, les ruines de bâtiments de l'ancien domaine ont été conservées.

Le parc a été morcelé, puis envahi d'immeubles pour logements sociaux, ce qui donne au château un environnement inattendu...

ALZON B4

Château du Mazel

Dans la vallée de la Vis, le village d'Alzon est sur la route des Ruthènes. Pour voir le château du Mazel, il faut continuer vers le Villaret par la départementale 231.

Il a été construit par Mgr Arnal du Curel, évêque de Monaco, né au Vigan en 1858 d'une famille paysanne originaire d'Alzon. Il hérita, en 1904, de terres appartenant aux Caussanel, grande famille d'Alzon et fit appel à V. Faure, un architecte niçois. Avant sa mort, en 1915*, il fit don de son château à l'évêché de Nîmes qui l'utilisa comme résidence secondaire avant de le vendre à M. Gabriel Recolin en 1982. C'est aujourd'hui un restaurant avec chambres d'hôtes.

Description : Il est situé à flanc de colline, dans un parc de 5 hectares magnifiquement fleuri qui s'étend jusqu'à la route longeant la Vis. Son style original mauresque et gothique, évoque certaines résidences de la Côte d'Azur.

Le corps principal en avancée présente à l'arrivant sa façade orientée au sud-est. On monte au rez-de-chaussée surélevé par un escalier à double révolution débouchant sur une étroite galerie. Celle-ci est éclairée par six arcades qui supportent le balcon du premier étage. Sur cette façade, une grande baie centrale en arc brisé surbaissé éclaire le grenier. Elle est inscrite dans un pignon à redans suivant les pentes du toit en bâtière couvert d'ardoises. Deux parties en retraits successifs s'articulent à gauche du corps principal.

Le hall d'entrée au sol de mosaïque et granito est sobrement décoré. L'escalier à deux volées est orné de peintures représentant la légende de saint Guiral. Au rez-de-chaussée, trois grandes pièces et une cuisine. À l'étage, cinq chambres, plus une suite. Les plafonds et leurs retombées sont encadrés de décors peints. Les vitraux des fenêtres ont été restaurés par un maître verrier.

* Il est enterré dans la cathédrale de Monaco.

Le château du Mazel à Alzon. D. R.

L'intérieur (à gauche) et la chapelle (à droite) du château du Mazel à Alzon.

Une chapelle désacralisée, de plan rectangulaire, avec son petit clocher, est accolée dans le prolongement de la façade au nord-est.

Arre B4

Château d'Arre

Dans la vallée de l'Arre, rivière éponyme, ce village fut, dans le passé, un centre bonnetier important. C'est ici le pays de la soie où Colbert fit planter les premiers mûriers. À la sortie de l'agglomération, 10 kilomètres à l'ouest du Vigan, en direction d'Alzon, on découvre les bâtiments de la société Brun d'Arre, et le château. Ils occupent l'espace entre la départementale 999, dite route de l'Aveyron, et la rue Basse. La grille de 100 mètres qui les longe provient de la cour des Tuileries, achetée lors de la dispersion des matériaux, après l'insurrection de la Commune et l'incendie du palais en 1870.

En 1740, il y avait déjà, dans le petit village d'Arre, un Pierre Brun « faiseur de bas ». Cent ans plus tard, un de ses descendants commençait la construction d'une usine « moderne » qui devait accueillir les premiers ateliers mécaniques importés d'Angleterre*. Il fit édifier le château en 1880, pour habiter à proximité des ateliers, comme cela se faisait à l'époque.

* En 1926, la création du célèbre *Bas Lys*, marque de fabrique des établissements Brun d'Arre, eut une réputation internationale.

Le château d'Arre.

Le château, occupé par M. et Mme d'Armaillé, et l'usine appartiennent toujours aux Brun d'Arre. Le responsable de l'usine occupe le bâtiment à un étage couvert d'une terrasse jouxtant l'ensemble industriel.

Description : Le château proprement dit est en avancée sur la route. Il se prolonge vers l'ouest par un petit ajout avec terrasse à hauteur de l'étage.
C'est depuis la colline de la Tessonne qu'il faut l'admirer. On y a une belle vue d'ensemble. Il rappelle les châteaux de plaisance de la Renaissance avec sa façade mouvementée, ses toits aigus couverts d'ardoises, ses cheminées, ses lucarnes de pierre à frontons triangulaires ou cintrés. On remarque une petite tourelle en dôme de tuiles vernissées, adossée au toit.

L'usine d'Arre avec le château en arrière-plan sur la droite.

Avèze C4

Château Teissier dit Lou Castelet

Il fut construit en 1891 par Edmond de Joly, architecte des monuments historiques, pour Edmond Teissier, originaire d'Aumessas, habitant Avèze. Un champ de mûriers lui appartenant fut choisi pour son emplacement.

Vers 1910, Robert de Joly* et son oncle, Jean Teissier, furent cohéritiers d'Edmond Teissier, puis Jean Teissier devint seul propriétaire. Sa fille Simone épousa Jean Delabarre en 1927. Le château devint la résidence de la famille Teissier qui s'y installa définitivement en 1942.

Mis en vente en 1960, à la mort de Mme Jean Teissier, le château fut acquis par le comité d'entreprise de la Société marseillaise de crédit dont le président était Édouard de Cazalet, maire d'Avèze. Il fut transformé en maison pour enfants. Depuis 1985, c'est un CAT (centre d'aide par le travail) : le foyer d'accueil Édouard-de-Cazalet, pour adultes handicapés.

Description : Ce grand bâtiment en pierre de Beaucaire s'apparente au style Louis XIII, avec abondance de balustrades et de redents, de hautes toitures d'ardoise. Le corps principal en saillie est fait de trois travées sur deux niveaux. Il présente de larges et hautes baies rectangulaires dépourvues d'allège, munies d'appuis à balustrade et entourées de pierres en harpe comme les chaînes d'angle. Dans le toit brisé, les fenêtres en mansarde sont coiffées de frontons triangulaires. L'entrée officielle est sur la façade sud, par une porte en plein cintre encadrée de pilastres à redents.

Façade sud du château Teissier.

* Robert de Joly était spéléologue. Pendant ses séjours, il allait prospecter les avens dans le causse de Blandas, puis il découvrit l'aven d'Orgnac, en Ardèche.

Ce corps central se prolonge vers l'est par une aile couverte d'une terrasse à balustrades ne dépassant pas en hauteur la base du toit. À gauche, une tour carrée en retrait, au toit en pyramide tronquée, détermine un angle dans lequel se loge une petite tour ronde en dôme abritant l'escalier à vis. Celui-ci permet de passer directement de la cave au grenier.

À l'opposé, sur la face nord, même disposition, avec cinq fenêtres au lieu de trois, plus étroites et moins espacées. Sur le perron, l'escalier se divise pour déboucher, à droite et à gauche, sur une étroite terrasse.

Au sud, le hall d'entrée s'ouvre à gauche sur le grand escalier desservant le premier étage par une arcade en plein cintre soutenue par des colonnes de marbre. Face à l'entrée, un long couloir transversal voûté en berceau plein cintre relie la tour à l'aile orientale. Il est éclairé par une large ouverture en arcade donnant sur la cage d'escalier. Cette partie a été conservée en l'état du bâtiment primitif, le reste étant aménagé en fonction de sa nouvelle destination. Les cuisines du sous-sol sont devenues caves et salles d'activités, au rez-de-chaussée sont les bureaux et, dans les pièces sous la terrasse, les archives. Le premier étage a été transformé en appartements pour les pensionnaires et dans les combles est logé le directeur.

BAGNOLS-SUR-CÈZE 12

Château de Montcaud

Le château de Montcaud est situé sur la petite route de Donnat, 4 kilomètres à l'ouest de Bagnols.

Il a été construit vers la fin du XIXe siècle par Florentin Collain, près d'une ancienne filature, installée à l'emplacement d'un monastère et devenue aujourd'hui exploitation agricole. La famille Collain conserva le domaine jusqu'en 1930, date à laquelle il fut acquis par maître Constant, notaire à Bagnols. Son fils Paul en hérita en 1958 et le vendit en 1990 à M. Rudy W. Baur qui en a fait un hôtel de grand luxe, ouvert aux séminaires et aux conférences.

Le restaurant est à part, dans les dépendances construites en même temps que le château, à l'emplacement de l'ancienne filature.

Le château de Montcaud et son parc de 5 hectares à Bagnols-sur-Cèze. Photos H. Ayglon.

Description : Le parc de 5 hectares, entièrement clos de murs est pour le château un écrin de verdure. Édifié d'après un plan établi pour M. Collain en 1892, il est animé de plusieurs pièces d'eau et complanté d'arbres et buissons de 155 espèces différentes dont certaines très rares.

L'édifice, sur plan rectangulaire, couvre une superficie au sol d'environ 450 mètres carrés. La façade principale, orientée au midi est animée de deux importantes avancées qui se terminent en pignons à fronton triangulaire répondant aux versants du toit de tuiles à quatre pentes. Sept travées en tout pour trois niveaux, sans compter le sous-sol éclairé par des soupiraux ni les combles éclairés par deux ouvertures dans le toit. Des refends aux chaînes d'angle, de petits oculus au-dessus des fenêtres du deuxième étage et des bandeaux aux trois niveaux en constituent le décor. La porte

Escalier des chambres du château de Montcaud. Photo H. Ayglon.

Une des salles de réunion du château de Montcaud. Photo H. Ayglon.

d'entrée s'ouvre à l'entresol, au centre, depuis une étroite terrasse reliant les deux avancées. Un escalier à balustrade, en deux montées opposées, permet d'y accéder.

Sur la façade orientée au nord, l'accès est en plan incliné, destiné aux handicapés. Au levant et au couchant sont percées de hautes fenêtres rectangulaires, auxquelles s'ajoutent quelques fausses fenêtres, en trompe-l'œil. Une entrée directe au sous-sol est aménagée à l'ouest.

Le hall d'entrée pavé d'un beau carrelage donne en enfilade à droite et à gauche sur deux grandes pièces au parquet de chêne. Deux autres pièces sont aménagées en salles de réunion, et l'immense escalier à rampe en ferronnerie dessert les 24 chambres.

Château de Paniscoule ou château Thome

Le château de Paniscoule a été construit entre la route nationale 580 et la Cèze, à la sortie de Bagnols, en direction d'Avignon.

Paniscola dont on ne connaît pas l'étymologie, est le nom d'un château situé en Espagne, au bord de la mer, et qui appartenait à la famille aragonaise du pape d'Avignon, Benoît XIII.

Au début du XIXe siècle, il y avait déjà à cet emplacement la villa du vieux docteur Soliman, figure célèbre dans la région*. Après plusieurs propriétaires, il fut acquis par Joseph Thome qui habitait Paris. Né à Bagnols où il avait débuté comme maçon et tailleur de pierres, Joseph Thome fut encouragé à « monter » à Paris par J.-B. Teste, d'une famille bagnolaise bien connue, ministre des Travaux Publics sous Louis-Philippe. Il devint grand entrepreneur, prit part aux travaux du baron Haussmann et fit fortune. En 1886, il acheta la villa du docteur Soliman et la détruisit pour faire édifier le

* Son portrait par le peintre Sigalon est conservé au musée de Bagnols.

château que nous voyons aujourd'hui. Il en dressa les plans et dirigea lui-même la construction*. Son héritière, Mme Thome-Patenôtre, le vendit à M. Constant, après la guerre de 1939-1945.

En 1954, le château de Paniscoule est devenu la maison d'hôtes du site de Marcoule du Commissariat à l'énergie atomique.

Description : Le château présente les caractères généraux de l'architecture en briques et pierres du style Louis XIII : hautes toitures en ardoise, lucarnes en mansardes, hautes fenêtres sans allèges. Des chaînes de pierre en harpe encadrent les baies et consolident aux angles les murs de brique. La simplicité des lignes et l'opposition de trois couleurs (rose de la brique, blanc de la pierre, noir bleuté de l'ardoise) en font un ensemble des plus séduisants.

Le plan est rectangulaire. La façade principale orientée au sud, dans l'axe de la grille d'entrée, est encadrée de deux tours rondes à toit pointu. Elle s'élève à deux étages. Les trois travées centrales qui

* On lui doit, entre autres, une partie des Champs-Élysées, les quartiers autour de l'Arc de triomphe, les avenues Marceau, de l'Alma, d'Iéna, du Trocadéro. La ville de Bagnols a honoré cet enfant du pays, avec son buste érigé au square qui porte son nom (en remplacement de son monument détruit par les Allemands), la crèche Eugénie-Thome, fondée par sa femme, la rue Eugène-Thome, du nom de son fils, et la rue André-Thome, de son petit-fils tombé à Verdun.

Façade sud du château de Paniscoule à Bagnols-sur-Cèze.

se prolongent sur le versant incliné de la toiture, sont surmontées d'un unique fronton et au-dessus d'une lucarne à fronton triangulaire en retrait. Au rez-de-chaussée surélevé, les trois baies centrales sont en plein cintre avec clés sculptées. Au milieu, un escalier de pierre à balustrade monte à la porte-fenêtre du hall d'entrée.

La façade nord est à peu près semblable avec des échauguettes d'angle au lieu de deux tours. Une longue terrasse à balustrade en ferronnerie, où s'ouvrent trois portes-fenêtres, est accessible du parc par un escalier tournant à chaque extrémité.

Dans le soubassement en tuffeau qui présente un léger fruit, des soupiraux donnent du jour aux cuisines.

À l'intérieur, le hall d'entrée aux angles nord arrondis communique directement avec la grande salle à manger donnant sur la terrasse avec vue sur le lac aux cygnes. Corniches et plafonds sont ornés de dorures. De grands miroirs en vis-à-vis offrent une perspective à l'infini. À droite et à gauche, une autre salle à manger et un petit salon sont en enfilade avec la grande salle à manger.

L'escalier est dans la tour sud-est, tandis que dans la tour sud-ouest se loge l'ascenseur pour les cuisines. Les étages sont occupés par les bureaux. D'autres bureaux ont été installés dans les anciennes écuries.

Le parc de trois hectares avec un lac, des cascades, des arbres de différentes essences, a remplacé les vergers et les terres labourables du vieux docteur.

BELLEGARDE H5

Château de Laval

Invisible de la route de Nîmes à Arles, le château de Laval est pratiquement inaccessible aux visiteurs.

Il y avait autrefois, sous l'invocation de N.-D. de Laval, un ensemble (monastère, chapelle, moulin) qui a donné son nom au château. Au début du XIXe siècle, le domaine appartenait au maire de Nîmes, Charles Vidal, époux de Marie Pelet, qui le vendit, en 1853 à André Bézard. Celui-ci est connu par l'hôtel particulier qu'il fit construire à Nîmes, devenu la poste actuelle. C'est sans doute à lui que l'on doit le château de Laval, édifié aux environs de 1870.

À sa mort, en 1872, sa fille unique, Anne-Julie, veuve d'Alexis Albain de Trinquelague-Dions, en hérita. Ses enfants et petits-enfants, en indivision, le vendirent à M. Hilarion Arnaud, en 1929. Il passa ensuite en plusieurs mains* avant d'être acquis, en 1947, par Mme Alcay, actuelle propriétaire.

Description : Cette somptueuse demeure entourée d'immenses pelouses et d'arbres centenaires, est bâtie sur plan rectangulaire, en pierre de Beaucaire. En arrivant, on découvre sa plus belle façade exposée à l'est. On pense à Palladio. Au milieu, un escalier dépourvu de rampes, conduit, en deux montées symétriques, à l'étroite terrasse du rez-de-chaussée qui borde toute la longueur de l'édifice.

Le corps central, en avancée, est fait de trois travées sur trois niveaux. Les fenêtres sont encadrées de colonnes. À droite et à gauche, au rez-de-chaussée, deux arcades soutenues par des colonnes doubles à chapiteaux modernes, s'ouvrent sur des loggias. À l'étage, le profil est rattrapé par des terrasses. De côté, deux fenêtres éclairent les combles dans le toit d'ardoise mansardé à quatre pentes.

La porte d'entrée est à l'opposé, sur la façade occidentale, cachée à l'arrivant. Cette façade, plus modeste, est plate avec seulement une avancée pour l'entrée de la cave se trouvant sous l'escalier qui monte à un petit perron.

À l'intérieur, dans un hall majestueux, deux colonnes de pierre soutiennent deux arcades. Le grand escalier à cage carrée monte aux étages sans paliers.

Trois grandes pièces de réception éclairées de sept portes-fenêtres rectangulaires allant du plancher jusqu'au plafond donnent sur la pelouse.

Le mas qui dépend du château est une importante entreprise agricole exploitée par M. et Mme Chemorin.

Le château de Laval à Bellegarde au début du XXe siècle, avant la création du parc. Coll. M. Crapé.

* M. Edmond Joubert, M. Gauchon...

Le château Massal à Bez-et-Esparon.

Bez-et-Esparon B4

Château Massal

Il est construit à la sortie du village de Bez, en bordure de la route qui va vers Arre et Alzon.

Le tènement s'appelait l'Argillière à cause de son terrain argileux. On pourrait supposer qu'il y eut là une exploitation ou même une fabrique, hypothèse hasardeuse suggérée par l'emploi de briques roses dans la construction du château, sous le crépi, et dans la petite ferme voisine.

Le château fut édifié dans la deuxième moitié du XIXe siècle par M. Massal qui, dit-on, revenait d'Afrique avec quelques économies. Mme Massal, veuve et endettée, l'ayant hypothéqué, il fut acquis en 1920, moyennant 20000 francs, par les frères Brun d'Arre de l'usine d'Arre. Il échut ensuite en héritage à Françoise Brun d'Arre, devenue Mme Marquez du Luc.

On l'aperçoit de loin, en pleine lumière dans un virage, au débouché du pont qui franchit le ruisseau du Merlanson. La belle façade qui se présente est orientée au levant, avec deux étages de trois travées, et des fenêtres mansardées à fronton courbe dans le toit d'ardoise. Les deux tours rondes à toit pointu qui l'encadrent sont réunies au premier étage par une terrasse à balustrade. L'entrée primitive était de ce côté, sous la terrasse, au niveau de la route.

L'entrée actuelle est sur la façade opposée. Le bâtiment épousant la colline, elle se trouve au niveau du premier étage, de plain-pied avec le jardin. On y accède par un escalier assez abrupt qui suit, depuis la route, l'arrondi du mur.

Le hall d'entrée, ajouté postérieurement, nuit un peu à l'harmonie de cet attrayant petit château qui était, à l'origine, de dimensions plus modestes. Deux grandes pièces avec de beaux parquets de noyer donnent sur une terrasse. La cuisine possède un sol en mosaïque représentant une sorte de blason avec une abeille, des feuilles de vigne et les initiales du constructeur (AM) que l'on retrouve au-dessus des portes et fenêtres.

L'escalier à vis qui dessert les cinq chambres se loge dans une légère avancée carrée, à gauche de la porte d'entrée.

Le jardin en terrasses est clos de murs, mais le domaine de plus de 4 hectares s'étend au-delà sur la colline.

Depuis le château et, plus encore en montant sur la colline, on découvre un très large horizon, de la vallée de l'Arre au vieux village d'Esparon sur son piton rocheux, avec le village de Bez, le cirque de la vallée de Marepuy...

Des chambres d'hôtes sont proposées par Mme du Luc.

BOUILLARGUES H5

Château de Bouillargues

Il est situé dans le quartier sud-ouest du village, dans un beau parc aux arbres centenaires.

Sa construction qui date du XIXe siècle est due à la famille Massip de Bouillargues. Le domaine passa par mariage à Alphonse de Gardanne, puis échut à son fils, le commandant François de Gardanne. Celui-ci gérait la ferme qui était alors à proximité.

Occupé par les Allemands, le château appartint ensuite à un entrepreneur, M. Astier et, en 1954, à M. Velay, ancien maire de Nîmes.

Le château de Bouillargues.

Il resta cependant inachevé jusqu'en 1977, date à laquelle il fut acquis par la commune pour en faire la nouvelle mairie, ainsi que le parc qui, à cette époque, couvrait 3 hectares. Le maire, André Dupuy, l'inaugura en 1978, comme en témoigne la plaque de marbre noir apposée sur le mur, à gauche de l'entrée.

Le parc devenu municipal, des aménagements divers y furent créés : écoles, logements des enseignants, centre social... et la ferme fut détruite.

Description : Ce robuste bâtiment de plan rectangulaire est construit sur caves et couvert d'un toit de tuiles. L'étage unique et les combles sont soulignés par d'étroits bandeaux et les chaînes d'angle garnies de refends.

L'entrée est au centre de la façade orientale de cinq travées. Cinq marches montent à la porte en plein cintre, flanquées de refends montant jusqu'au toit. La clé est sculptée, ainsi que les corbeaux soutenant le balcon à balustrade en fer forgé, devant une porte-fenêtre très ouvragée. Les frontons triangulaires des cinq lucarnes sous le toit se détachent sur le ciel.

À l'opposé était l'entrée primitive sur la belle façade ouest animée par les trois travées d'un avant-corps central, encadré de refends comme les chaînes d'angle. Un large fronton triangulaire, porte un cartouche avec les initiales entrelacées des constructeurs : MB. Les hautes fenêtres rectangulaires sont ornées d'une clé sculptée.

À l'intérieur, le vaste escalier central à cage carrée ne monte qu'au premier étage, seul aménagé avec le rez-de-chaussée.

Grâce à sa nouvelle affectation, le château de Bouillargues est un bel immeuble bien entretenu.

BRIGNON G4

Château Carénou

Un peu en retrait, à droite de la nationale 106 de Nîmes à Alès, le château Carénou est situé à la limite de quatre communes : Brignon, Nozières, Boucoiran, Moussac. Sa construction, en 1870, est due à M. Carénou, propriétaire et constructeur de l'usine de réglisserie située de l'autre côté de la route*.

En 1950, il devint la propriété familiale de M. Gilbert Colomb de Daunant par son mariage avec la fille de M. Carénou. Il la vendit à un syndicat intercommunal avec lequel il s'associa pour créer une classe primaire supérieure qui devint CEG (collège d'enseignement général), puis CES (collège d'enseignement secondaire) dit collège de la Gardonnenque en 1974.

Le château Carénou à Brignon.

Description : C'est un bâtiment massif à deux étages, sur plan rectangulaire. Du côté de la route, la façade dont la porte d'entrée principale marque le centre présente cinq travées de fenêtres scandées par d'étroits pilastres. Devant la travée de gauche s'élève un ajout couvert, à hauteur du premier étage, d'une terrasse à balustrade de pierre semblable à celle du perron. Au-dessus de la porte d'entrée, la façade est agrémentée d'un balcon orné d'une belle ferronnerie d'un travail très fin. Les hautes fenêtres rectangulaires sont coiffées d'un léger décor sculpté avec, sous le toit, un mascaron.

Les façades latérales comportent des tours rondes. Une avancée centrale jouxtant la tour est surmontée d'un fronton triangulaire. Un autre ajout avec terrasse à balustrade au premier étage, se situe au nord-ouest.

Un perron symétrique à celui de l'entrée officielle, descend dans le grand parc de 4 hectares dont les arbres ont été plantés en 1870. Il est encombré aujourd'hui par des bâtiments scolaires fonctionnels et les serres sont devenues salles de classe.

Au château, on pénètre dans un grand hall. Des trois arcades en anses de panier, l'une annonce le grand escalier à cage carrée et rampe en ferronnerie qui monte aux étages. Au rez-de-chaussée se

* Cette usine remplaça, en 1866 celle qui était installée à l'Habitarelle de Moussac depuis 1837. Elle est aujourd'hui fermée et sert pour les stockages de l'usine de réglisserie Haribo, à Uzès.

trouvent l'intendance à gauche, l'infirmerie et les services sociaux à droite. Au premier étage, le secrétariat et la salle des professeurs et, au second, l'appartement du principal.

CAMPRIEU B3

Châteaux de Coupiac

Dans le massif de l'Aigoual, la commune de Camprieu possède deux châteaux voisins : Coupiac-le-Haut et Coupiac-le-Bas.

En 1795, le chevalier de Marrel, officier de marine*, soi-disant victime de la peste, fit construire un premier château dit Coupiac-le-Haut, pour se mettre à l'écart. Assez curieusement guéri après la Terreur, il revint à Paris et vendit le château à Louis Teissier du Cros, dont un descendant** construisit Coupiac-le-Bas. Les travaux durèrent six ans, jusqu'en 1887. Louis Teissier du Cros donna Coupiac-le-Haut à son fils et Coupiac-le-Bas à sa fille Juliette qui épousa M. Jeanjean de Saint-Hippolyte-du-Fort. En 1935, son petit-fils, Charles, racheta Coupiac-le-Bas à son cousin issu de germain. Il fit donation de Coupiac-le-Haut à son fils Louis et de Coupiac-le-Bas à sa fille Jacqueline. Celle-ci est la mère de la propriétaire actuelle, Mme Hirsinger.

Descriptions :

La grille d'entrée de la propriété de Coupiac-le-Haut est à droite de la route départementale 157, au sud-ouest de Camprieu.

On y découvre une belle maison bourgeoise sans prétention, dans une forêt de 80 hectares. Elle s'élève à un étage pour trois travées, plus un troisième niveau percé d'une seule ouverture.

La porte d'entrée est au nord-est, sur une étroite terrasse qui court le long de l'édifice. À chaque extrémité de celle-ci, un escalier descend jusqu'au grand terre-plein en hémicycle à balustrade de pierre dominant le paysage. La date de 1793 se lit au-dessus du balcon central.

Du côté opposé, un escalier extérieur central monte au premier étage où se trouvaient autrefois les pièces de réception. Le premier niveau était occupé, à cette époque, par les écuries.

---

* C'était le gendre de Mme de Grignan.

** Ils s'appelaient tous Louis, de père en fils.

À l'extérieur, trois pavillons abritaient un billard et des ateliers de peinture et de musique.

Dans ce magnifique environnement, l'ensemble est plein de charme.

À une distance de 800 mètres et beaucoup plus loin de la route, le château de Coupiac-le-Bas, situé dans une forêt de 50 hectares, est très différent.

Sur un plan carré de 15 mètres de côtés, avec quatre façades identiques en pignons, sa toiture, en croix, est très originale. De plus, l'architecte de nationalité scandinave a conçu des versants en forte pente, de telle sorte que la neige glisse et s'accumule aux quatre coins de la maison, en épargnant les accès.

On entre à l'ouest par l'immense terrasse en herbe protégée par une balustrade en fer. Cette terrasse surplombant le paysage, a été édifiée avec la terre de la colline creusée pour loger le château.

La porte en plein cintre, encadrée de pilastres, est ornée d'un modillon décoratif à la clé avec, au-dessus, la date de construction : 1887.

Les étages sont soulignés d'un bandeau très étroit. Entre les travées, les refends, en harpe comme les chaînes d'angle, animent la façade.

Du côté de la forêt, la façade est, presque jusqu'en bas, recouverte d'ardoises comme les toits. Elle est percée de deux portes, l'une donnant sur la cuisine, l'autre sur le hall, dans le prolongement de l'entrée principale.

À l'intérieur, la grande cage d'escalier monte depuis le hall jusqu'au 4e étage. L'entrepreneur, étant tailleur de pierres, a apporté tous ses soins aux marches qui sont d'un très beau travail. Les parquets sont en pin de Roquedols.

Le château de Coupiac-le-Bas à Camprieu.

Cannes-et-Clairan F4

Château Coste

À la sortie de Montmirat, sur la route d'Alès, on trouve, à gauche, la départementale 123 qui conduit à Cannes. Après un kilomètre environ une petite route indiquée *Mas de Coste* monte jusqu'au château.

C'est là que des terres furent acquises, à la fin du XVe siècle, par Antoine Coste dont les descendants bâtirent le château et le conservèrent jusqu'en 2001, où il est vendu à Mme Schusten, docteur en médecine, qui le possède aujourd'hui.

La construction fut décidée en 1848 par Casimir Coste, conseiller à la préfecture, époux de Gabrielle Delon. Le projet était grandiose. Le plan de Feuchère, le grand architecte nîmois, s'inspirait fortement de la villa de ses cousins Lazerme à Montmorency.

À la mort de Casimir, en 1870, se posa la question du partage de ses biens. Un mois plus tard, son fils Henri mourut de la variole contractée lors d'une visite dans les hôpitaux, sa femme le mois suivant, et leur fils Henri était prisonnier. Ne restaient en présence que les deux belles-filles dont les ménages s'installèrent au château pendant quelques mois. Le partage fut fait chez maître Chassenet notaire, par l'expert Félicien Allard, conducteur des Ponts et Chaussées. Après tirage au sort, le château, la magnanerie et l'enclos de 1,75 hectare furent attribués aux enfants d'Henri.

Le château Coste à Cannes-et-Clairan.

L'entrée du domaine était primitivement en contrebas, sur la route de Cannes. Le portail en fer y est encore entre deux piliers à bossages. On passe maintenant par la cour du mas : à droite, les anciennes écuries et, en face la magnanerie (aujourd'hui logement) que l'on contourne pour arriver à la cour d'entrée du château plantée d'acacias. L'arrivant découvre la façade nord avec la porte d'entrée au centre et, à droite, l'entrée de service s'ouvrant sur la cuisine.

Le plan est en quadrilatère. La plus belle façade est au midi. Deux tours carrées encadrent le corps central qui, sous un toit de tuiles, en faible pente, s'élève à un étage, plus des combles, pour cinq travées. Les tours plus hautes sont ornées de chaînes d'angle d'inspiration classique. Le soubassement est aveugle.

On descend par trois marches sur la terrasse en graviers bordée d'un petit parapet. Celle-ci domine la prairie complantée d'arbres d'essences variées. Il faut descendre encore six marches pour y accéder.

La construction, qui compte dix-huit pièces en tout, est symétrique autour de la cage d'escalier. La porte à deux battants qui donne sur la terrasse est vis-à-vis de l'entrée nord. Côté jardin, une sorte de galerie et, à l'étage, les chambres sont distribuées par un long couloir.

Vers le sud, le château domine le village. La vue s'étend sur les collines et la vallée de la Courme.

CHUSCLAN 12

Saint-Émetery

Le château est situé à l'orée du village de Chusclan, en bordure de la départementale 865 qui va rejoindre la route d'Avignon à Bagnols.

Entre le IIIe et le Ve siècle, un prieuré fut dédié à saint Émetery dont le culte était venu d'Espagne avec les Wisigoths. En 1778, M. de Giry, d'origine bagnolaise, était propriétaire d'une partie des terres, au sud de la Cèze, où résidait sa famille. En 1785, Alexandre de Giry, chevalier de Saint Louis, capitaine au régiment de la Martinique, acheta des biens et terres à Jean Chabert, veuf de Thérèse

Le château de Saint-Émetery à Chusclan.

Bridaine qui en avait hérité. Julie Corenson, veuve d'Alfred de Giry, demeurant à Tavel, vendit le domaine de Saint-Émetery, en 1895, à Mgr Fuzet, évêque de Beauvais*, moyennant 18 500 francs. Étant évêque concordataire, il était très riche et disposait de trois mois de vacances, mais le climat de l'Oise ne lui convenait pas. Ne pouvant acheter sa maison natale d'Aiguèze, il aménagea une ancienne grange pour en faire sa maison de repos, que l'on appela villa Saint-Émetery.

À sa mort, en 1915, selon son souhait, l'abbé Jean Devavrin l'acheta au chanoine Lesergeant, son légataire universel et la villa fut transformée en orphelinat pour les orphelins de la Grande Guerre.

Le château fut affecté en 1919 aux sœurs de la Retraite chrétienne venues de Franche-Comté. Après la guerre de 1939-1945, l'orphelinat devint aérium agréé par la Sécurité sociale. C'est aujourd'hui une maison d'accueil pour personnes âgées valides. Sur un pilier du portail d'entrée, on peut lire sur une plaque : « Aérium Saint-Émetery, Fondation Mgr Fuzet ».

Saint-Émetery, propriété des sœurs, est géré par une Association.

Description : Dès l'arrivée, on est frappé par l'abondance de tours polygonales au toit de tuiles vernissées et ornées de chaînes d'angle. L'ensemble est complexe. Un grand bâtiment où logent actuellement les sœurs est assorti de deux ailes en équerre d'aspect disparate délimitant une cour d'entrée ouverte au couchant. À gauche, le pigeonnier et la conciergerie de Mgr Fuzet. L'aile méridionale se termine par une tour carrée de faible hauteur, au toit à quatre pans

* Il devint plus tard évêque de Rouen.

avec, à l'étage une galerie couverte conduisant à la chapelle. En dessous, l'infirmerie a remplacé la chapelle basse qui servait pour les obsèques des sœurs. Il y avait, au fond, un gisant de Mgr Fuzet, réplique de celui de son tombeau dans la cathédrale de Rouen et transféré à Aiguèze.

Le bâtiment central s'élève à un étage sur cave, plus un demi-étage. La grosse tour carrée domine le toit de tuiles souligné d'une double génoise. Quatre travées d'un côté, trois de l'autre avec une tour hexagonale.

On entre par un perron monumental. Les colonnes doubles du porche supportent le large balcon à balustrade de pierre qui porte une inscription faisant référence aux primats de Normandie : *Gallia Normandis placuit primatibus ingens nobis Emetery tu satis ampla domus**. Au-dessus des fenêtres jumelées, un fronton brisé encadre l'oculus ovale souligné d'une guirlande. Quatre urnes de pierre complètent le décor. De chaque côté de la porte d'entrée, une étroite terrasse à balustrade court tout le long de la façade.

Le vestibule est tapissé de papiers peints. Le « salon bleu » qui s'ouvre à gauche est encore appelé « chambre de Monseigneur ». On voit ailleurs des médaillons sculptés ou peints, des plafonds peints, des vitraux dans la cage d'escalier, un portrait en pied de Mgr Fuzet.

Des bâtiments fonctionnels ont été rajoutés par les sœurs depuis 1919, en prolongement de leur résidence.

Le domaine comprend un jardin topiaire avec bassins et jets d'eau, un potager et des vignes. Dans le jardin sont dressées la statue du Sacré-Cœur** et celle du père Receveur, fondateur de la congrégation des sœurs.

Le pigeonnier du château de Saint-Émetery.

* On peut traduire par : « L'immense Gaule a plu aux primats normands. Pour nous, Émetery, tu es une assez grande maison. »

** Sans doute en rapport avec le projet d'orphelinat des sœurs franciscaines du Sacré-Cœur de Jésus qui ne se réalisa pas.

Le château de Christin à Junas. Coll Jeanjean.

JUNAS F5

Château de Christin

Après le sac du château d'Aubais, en 1792, le château de Christin fut construit à l'emplacement d'une ancienne gentilhommière, dépendance du marquisat d'Aubais, par le marquis d'Urre, d'origine italienne. En 1927 mourait célibataire son descendant, Maurice d'Urre. Le domaine, vendu aux enchères à M. Soubeiran, resta dans cette famille jusqu'en 1961. Les Mahuzier l'acquirent alors, puis, en 1979, vendirent le château en gardant les bâtiments d'exploitation.

Le château appartient aujourd'hui, après une vingtaine d'années d'abandon, à une Société civile immobilière qui le restaure avec goût. Le domaine viticole est exploité par André et Marie-France Mahuzier.

Description : À 2 kilomètres de Junas, le « chemin de Christin » se détache de la route de Sommières pour arriver à la cave, puis à la grille du château. Avant d'entrer dans la cour, on est frappé par le large fronton arrondi, inspiré de la couronne ducale, surmontant la façade.

Le bâtiment est rectangulaire. Sa façade, au levant, présente un corps central en légère avancée s'élevant à un étage, plus un étage sous le toit. Porte d'entrée et fenêtres s'ouvrant sous des accolades, rappellent le palais des Doges à Venise. À droite et à gauche et sur les trois autres façades, l'étage supérieur est éclairé par de petites baies quadrilobées. La grande terrasse, à l'ouest, est en surplomb sur la prairie.

Un mur sépare le château des communs.

À l'intérieur, l'escalier à cage carrée part du hall d'entrée. Un grand salon et plusieurs petites pièces sont l'essentiel. À côté de la cuisine, l'escalier de service dessert les étages.

Au XVIIIe siècle, le marquis d'Aubais était grand veneur du roi. Il y avait dans la garenne abondance de gibier. Le mur qui entoure le parc de 2 hectares de bois entièrement clos, était muni de trappes qui l'empêchaient de ressortir. On peut encore y voir des daims. C'est une zone protégée, répertoriée par l'administration des Monuments historiques que l'association Racine fait découvrir aux enfants.

LASALLE D3

Le Solier de Clarou

À un kilomètre au nord de Lasalle, le château est situé sur un plateau d'un hectare se terminant vers l'est par un étroit éperon.

À la fin du XVe siècle, après un incendie, le mas appartenant à la famille Solier, qui datait du XIIIe siècle fut reconstruit. Les bâtiments tout autour, pour les volailles, bestiaux, vers à soie, furent ajoutés peu après. En 1872, lorsque le dernier héritier des Solier le vendit à Raoul de Cazenove, c'était un grand bâtiment avec étables et greniers. L'acheteur était issu d'une famille d'Anduze qui se dispersa dans toute l'Europe

Le château du Solier de Clarou à Lasalle. D. R.

à la révocation de l'édit de Nantes. Son ancêtre, drapier, était qualifié de *sire* en 1685 et son grand-père, né hollandais, avait servi comme cadet-gentilhomme dans un régiment étranger de Louis XVI.

Raoul épousa une Lasalloise et décida de réenraciner sa famille dans la région. Il démolit le mas et fit bâtir de 1885 à 1890, un château de style Walter-Scott, en vogue à l'époque. Il était lui-même passionné d'histoire et d'archéologie médiévale et féru de Viollet-le-Duc. Deux architectes étaient chargés de diriger le chantier.

Le château appartient aujourd'hui aux descendants de Raoul de Cazenove.

Description : Le plan en L, imposé par la topographie, est celui du mas, à peine agrandi. Le noyau central a des murs de 90 centimètres, à la chaux. Tout le reste est reconstruit avec les mêmes pierres en murs de 50 centimètres.

Le bâtiment s'élève à un étage. À l'ouest, une partie des murs a été conservée avec la porte néo-gothique et la fenêtre à meneaux sculptés. Au nord, des fenêtres à croisée de pierre et une porte néo-romane qui marque le début de la nouvelle construction. À l'est, une petite terrasse devant la cuisine et au sud, une longue façade avec terrasse gagnée sur la falaise, grâce à un mur de 6 mètres de haut.

Le passage d'une terrasse à l'autre est assuré à la base de la tourelle octogonale de l'angle sud-est.

Le donjon avec mâchicoulis, couvert de tuiles couleur d'ardoise, est construit sur les murs anciens*.

La porte néo-gothique s'ouvre sur le vestibule menant au grand escalier en belle pierre blanche, probablement du guidon d'Alès. Les pièces de réception ont des sols en mosaïque. Au centre du salon, deux chapiteaux du XIIe siècle** couronnent les colonnes de pierre qui soutiennent un bel arc. La cheminée Renaissance a été importée de Saône-et-Loire. Au plafond, trois blasons peints dont le plus grand, un aigle aux ailes déployées, est celui de Paul Papin-Thoiras*** (1661-1725), ancêtre de Raoul de Cazenove. Dans la galerie des blasons qui communique avec le salon, la hotte de la che-

---

* L'ensemble est inspiré du château de la Caze, dans les gorges du Tarn (XVe siècle).

** On disait naguère qu'ils provenaient de la *cella* ou de l'église vieille de la Mouthe à Lasalle.

*** Il est l'auteur d'une *Histoire d'Angleterre*.

minée est peinte dans le style cher à Viollet-le-Duc. Au nord, se trouvent la salle à manger et la bibliothèque et, un peu partout, blasons et portraits de Paul Papin-Thoiras, ainsi que des inscriptions en latin, gravées ou peintes, avec quelques fautes d'orthographe, voulues ou non, qui en font des énigmes. Au-dessus de la porte néo-gothique, on lit : *Olim nova*.

LAUDUN 13

Château Saint-Maurice

Le château Saint-Maurice à Laudun.

Le château se situe à gauche de la route nationale d'Avignon à Bagnols-sur-Cèze, à hauteur de Châteauneuf-du-Pape. Il est dans la commune de Laudun, mais son parc fait partie de celle de Saint-Laurent-des Arbres.

Le mas Saint-Maurice était cité dès 1309, mais l'occupation du lieu sur le plateau surplombant le château remonte à l'Antiquité. Il y aurait eu là un temple dédié à Jupiter. Saint Maurice était un soldat romain de la légion thébaïde, martyrisé en 286, dont la statue a été exhumée du parc*. Une pierre funéraire à l'épitaphe de *Sextius Attius secundus* est encastrée dans un mur de la cave du château.

Il fut édifié au cours du XIXe siècle dans un domaine faisant partie du patrimoine de la famille de Joyeuse au XVIe siècle et, en 1642, de la duchesse de Guise, baronne de Laudun. Sa construction est due au baron de Ripert dont le père, originaire du Vaucluse, colonel de la Garde, fut anobli par Napoléon.

* Offerte par la baronne de Ripert, la statue est dans la chapelle Notre-Dame de Mayran, proche de la propriété.

Cette famille conserva la propriété jusqu'en 1933, date à laquelle elle fut vendue en viager par Marie Carias, veuve de René-Auguste baron de Ripert, fils unique et héritier du baron François de Ripert. Celui-ci fut enterré au moulin de la Tave en 1928. Les acheteurs furent Léopold Brès et Louis Chabran associés, le château et le parc achetés personnellement par M. Brès.

Le domaine, indivis entre leurs héritiers, fut acquis par l'industriel Gilbert Tramier et sa fille Marie-Rose qui habita le château avec son mari, Antoine Nourrit, agriculteur.

L'exploitation appartient aujourd'hui à M. Christophe Valat et à sa sœur Sophie. Leur père, André Valat l'avait acquis en 1969.

Description : C'est un bâtiment massif en quadrilatère, sous un toit à quatre pentes couvert de tuiles. Il s'élève à deux étages séparés par un bandeau plat, très large entre le premier et le deuxième.

L'entrée est au sud. Cinq marches suffisent pour atteindre le rez-de-chaussée légèrement surélevé au-dessus de la cave. Cette façade de cinq travées est ornée de refends de part et d'autre de la travée centrale ainsi qu'aux angles. Dans le toit, une gracieuse lucarne s'appuyant sur la façade avec des colonnettes soutenant un fronton arrondi, anime cet ensemble un peu austère. Son style s'oppose aux hautes fenêtres, ornées simplement d'une clé d'arc comme la porte d'entrée.

Deux fausses ailes indépendantes s'articulent aux angles nord-est et nord-ouest. À gauche, c'est la partie monastique où des moines étaient établis à une certaine époque. Au cours de travaux, on a trouvé leurs sépultures devant l'aile occidentale. Là était la chapelle dont il reste le clocheton avec trois boules en terre vernissée.

La grande terrasse dallée devant la façade méridionale se prolonge depuis deux platanes, par le parc de 10 000 mètres carrés où trône un magnifique cèdre du Liban pluricentenaire. Les bâtiments viticoles sont dans la grande cour derrière le château habité par les propriétaires. Les bureaux sont dans l'aile orientale, l'autre étant destinée à des locations et des chambres d'hôtes.

Liouc E4

Château de Planque

À 300 mètres environ de la route reliant Quissac à Montpellier se cache le château de Planque. Là était jadis le mas de Planque, dépendance du prieuré du Brouzet. À la Révolution il fut dévolu comme bien d'Église à une famille d'hommes de loi, les Jac* qui le vendirent à Thomas-Albert de Rennes en 1828. Le docteur Arles, grand père du propriétaire actuel, M. Gilles, l'acquit, en 1892, de Mme Albert, devenue veuve, et construisit le château à partir du bâtiment existant.

Le château de Planque est une agréable résidence qui ne se visite pas.

Description : Un grand terre-plein égayé de lauriers roses s'étend devant la façade orientée à l'est, encadrée, à gauche, d'une tour carrée au toit en terrasse et, à droite, d'une tour ronde, pigeonnier à l'origine, ornée de mâchicoulis et créneaux, et coiffée d'un toit pointu en ardoises. Ailleurs, les toits de tuile sont masqués par des créneaux.

Le corps central est à un étage, plus un demi-étage pour la partie ancienne, qui jouxte la tour ronde. Les fenêtres à meneaux ont des encadrements en pierre de Pompignan. La porte d'entrée est en plein cintre.

À l'intérieur, monte un très large escalier central à cage carrée à deux volées dont la première est de douze marches. Puis le palier s'ouvre sur l'extérieur par la porte de la façade occidentale, le terrain étant en dénivella-

Le château de Planque à Liouc.

* Jacques-Hippolyte Jac fut député de Quissac à l'Assemblée constituante.

tion. C'était autrefois l'entrée principale avec un perron en avancée, les voitures faisant le tour du château.

Les quatre marches de la deuxième volée conduisent aux huit pièces de réception et chambres du premier étage d'où part un petit escalier en bois vers la terrasse de la tour carrée.

Enfin, l'escalier à vis de la tour ronde dessert l'étage supérieur où était logé le personnel.

Les 6 hectares de parc créés en même temps que le château sont plantés de grands arbres d'essences variées, le château entouré de magnifiques tilleuls centenaires.

MARGUERITTES H5

Château de Roquecourbe

Entre Marguerittes et Poulx, on peut apercevoir le château depuis la départementale, sur la hauteur, niché dans la verdure au milieu de la garrigue.

Sa construction qui remonte au début du XIXe siècle est due à Gabriel-Charles-Maximin de Trinquelague, conseiller à la cour royale de Nîmes. Son fils, Charles-Alexis Albain, conseiller général du Gard, en hérita en 1874. Il était marié avec Anna Bézard, fille unique du Lunellois David Bézard qui fit construire à Nîmes, en 1846, l'hôtel Bézard devenu en 1924 la poste actuelle. Roquecourbe passa par héritage au commandant Gabriel Albain de Trinquelague-Dions. Sa veuve, née Denise de Robillard se remaria avec le marquis de Boisseuilh et ce mariage dura deux ans. L'héritier Alexis-François de Trinquelague-Dions étant célibataire sans descendance, elle vendit le domaine en 1952.

Après avoir appartenu à divers propriétaires, il tomba en indivision, puis

Le château de Roquecourbe à Marguerittes.

fut acquis par M. Jean Bousquet, futur maire de Nîmes, en 1976. Le principal vendeur était M. Marcel Moine, directeur du cinéma ABC à Nîmes.

M. Bousquet l'a vendu en 2000 à un Américain, M. Marlas.

Description : Le château est un bâtiment massif en quadrilatère sur un soubassement important présentant un léger fruit. Il s'élève à un étage plus un demi-étage éclairé par des oculus. Chaînes d'angle et encadrements de fenêtres, noyés dans le béton, sont encore visibles. Toutes les fenêtres sont surmontées d'une accolade.

Curieusement, l'accès se fait par le nord, alors que l'entrée principale est au levant. Un corps central entre deux avancées est une disposition qui se retrouve sur chaque façade pour donner quatre tours d'angle carrées. La porte d'entrée en arc brisé est surmontée des armes des Trinquelague (un écusson soutenu par des lions accroupis) et d'une baie en plein cintre. L'aspect défensif est donné par quatre archères en croix pattée.

Porte d'entrée du château de Roquecourbe.

Étant donné la pente du terrain, la façade méridionale a un soubassement beaucoup plus haut. Le rez-de-chaussée devient premier étage avec terrasse à balustrade de pierre sur laquelle donnent les pièces de réception par des portes fenêtres en plein cintre. En dessous, au rez-de-jardin, étaient l'orangerie et la cuisine avec de hautes baies rectangulaires. Sous le toit, de petites ouvertures quadrilobées contribuent à donner à cette façade un aspect des plus plaisants.

Un large escalier de dix marches en pierre permet de descendre dans le petit jardin agrémenté d'un bassin central.

Sur la façade ouest, les deux petites tours rondes engagées que l'on aperçoit de loin ajoutent pour le passant à l'illusion d'un château médiéval.

Monoblet E4

Château de Blanquiérou

Sur la route de Lasalle, à 7 kilomètres de Saint-Hippolyte-du-Fort, le château de Blanquiérou peut être aperçu à travers la végétation.

Son nom, comme celui de Blanquiès, doit venir du nom méridional du mégissier.

Il a dû être construit par Henri de Massane, garde du corps du roi, ex-juge de paix, lors de son mariage avec Clémentine Gibelin, en 1830. La propriété appartenait en effet, à la famille Gibelin. Elle passa ensuite à M. Brun et Mlle Terrasson habitant Saint-Hippolyte, qui la vendirent, dans les années trente, à M. Castel, pharmacien à Nîmes.

M. Van Loon, archéologue, l'acquit en 1967, de Mme Castel, devenue veuve. Elle appartient aujourd'hui à sa fille Philippa, épouse de M. Colomb de Daunant.

C'était autrefois une propriété de rapport – rapport d'ailleurs minime –, dont l'activité principale venait de l'élevage. À partir de 1970, M. Van Loon rénova le château et mit le domaine en valeur. Il s'étend sur 18 hectares dont 3 hectares de prés et jardins aménagés et d'anciennes châtaigneraies. Des bornes numérotées et fléchées en marquent les limites.

Description : La construction du château sur une forte dénivellation a nécessité la création de terrasses en étages. La façade principale, à l'ouest, domine la route. À chaque extrémité, deux tours carrées en avancée limitent la terrasse du premier niveau. De là, un escalier double aux marches abruptes descend sur une deuxième terrasse, en gravier, bordée d'une balustrade. En contrebas, un petit jardin en surplomb est orné d'une fontaine.

Mosaïque récente sous l'escalier du château de Blanquiérou à Monoblet.

Sous l'escalier, une grande arcade en anse de panier

s'ouvre sur un espace dont le fond est une mosaïque de galets de couleurs naturelles ramassés sur la plage de Maguelone. Réalisée en 1988 par Mlle Van Loon, elle représente la faune de la vallée : renard, hibou, paon, et un chat. À ce niveau, les pièces voûtées servaient à abriter les moutons.

À l'intérieur, les détails d'architecture accusent le début du XIXe siècle. Les cinq pièces donnant sur la terrasse supérieure étaient réservées aux propriétaires, tandis que l'autre partie donnant à l'ouest, était occupée autrefois par les fermiers. À l'étage supérieur, les magnaneries étaient accessibles par un escalier extérieur.

Château de Blanquiès

À mi-chemin entre Saint-Hippolyte et Lasalle, on aperçoit, de virage en virage, très haut sur la colline, le château de Blanquiès.

Suzanne Puech Blanquiès, qui possédait une maison familiale dans le hameau, épousa, en 1813, Jacques Dadre. Vers 1830, celuici créa une banque à Saint-Hippolyte-du-fort, à la suite du développement économique dû à la sériciculture. Son fils, Anselme, banquier lui aussi, racheta peu à peu, les maisons voisines, et vers 1870, fut propriétaire de tout le hameau. Son fils, Albert, ajouta deux tours à la maison la plus grande, pour en faire un château, destiné à sa femme.

Les travaux commencèrent vers 1900, puis furent interrompus par la guerre. Mme Dadre mourut en 1918 et le château inachevé resta inhabité.

Le château de Blanquiès à Monoblet.

Les travaux reprirent en 1955. On finit de construire les deux tours et on suréleva le bâtiment. On montait les pierres avec des cordes, et il y eut même un grave accident.

La restauration en vue de locations dura une vingtaine d'années. Aujourd'hui, il y a dans le hameau, cinq locataires. Le tout appartient en indivision à la veuve du petit-fils d'Albert Dadre, qui habite la maison familiale d'origine, et à ses cinq enfants.

« Blanquier » est le nom méridional du mégissier, celui qui tanne les peaux de moutons, d'agneaux ou de chevreaux. Les tanneries sont nombreuses dans la région et le château est construit sur des voûtes qui devaient abriter des troupeaux.

Description : Deux bâtiments en équerre s'élèvent à deux étages. La façade du corps principal, orientée au levant, est encadrée de deux tours : à gauche, une grosse tour carrée à créneaux, et à droite, une tour ronde couverte de tuiles comme le reste des toitures. L'entrée, sur la face opposée, s'ouvre directement dans la pièce où se trouve l'escalier qui dessert les étages.

Un escalier extérieur, sur la façade sud, monte à l'ancien pigeonnier. De ce côté, une terrasse triangulaire adaptée à la configuration du terrain, jouit d'une vue étendue sur le vallon de la Valestalière.

MONS F3

Château de La Fare

À l'entrée de Mons en venant d'Alès, le chemin des Arnasses conduit au château, sur la hauteur, en quelques minutes. De là, on découvre un beau panorama sur la plaine et le village.

C'est, en réalité, un ensemble de bâtiments agricoles dont certains sont très anciens, comme en témoigne, entre autres, un escalier à vis. Il a été construit en trois campagnes. La tour qui lui donne l'allure d'un château a été construite en 1920 par le grand-père de la propriétaire, Mlle Hélène Martel.

Ce lieu garde le souvenir du maréchal de Villars qui y aurait établi son campement. Les ossements exhumés du pré en dessous, au cours des travaux, seraient ceux de ses chevaux.

Montdardier C4

Château de Montdardier

Le château se découvre à l'orée du village, après une montée en rudes lacets depuis Avèze. On peut y arriver aussi à partir de Saint-Laurent-le-Minier et la vallée de la Creuze.

Son histoire est résumée dans une inscription sur les trois arcades du portail d'entrée, de construction récente :

Antipuissimis temporibus erectum Fredolius de Ginestous ampliavit anno Domini Nostri MCCCXIII

Religiosa perturbatione eversum Fredolius de Ginestous reedificavit anno Domini MDCXCV

Discordibus civilis dirutum Fernandus de Ginestous Dec. Sextus nepos restotuit 1878.

On y apprend donc que la construction actuelle, due à Fernand de Ginestous, et qui date de 1878, se trouve à l'emplacement d'un très ancien édifice, agrandi au XIVe siècle par un des aïeux de la famille, reconstruit par un autre après les guerres de Religion, et à nouveau détruit à la Révolution.

C'est l'œuvre de Viollet-le-Duc qui en dessina les plans et dirigea les travaux*.

Béatrix, la fille du comte Fernand de Ginestous, ayant épousé, en 1875, Anne-Adolphe de Saporta, le château passa à cette famille. Il appartient aujourd'hui, par héritage direct, à leurs descendants.

* Cf. Marthe Moreau, *Les Châteaux du Gard, du Moyen Âge à la Révolution*, Les Presses du Languedoc 1997-1999.

Le château de Montdardier.

Façade latérale du château de Montdardier par Viollet-le-Duc.

Description : Pour apprécier ce monument, unique dans la région, il faut aimer Viollet-le-Duc, ce grand architecte souvent décrié, qui a sauvé tant de nos chefs-d'œuvre. Le château s'élève à 614 mètres d'altitude sur une butte rocheuse entourée par le village, tassé à ses pieds, qu'il était chargé de protéger. En arrivant de Saint-Laurent-le-Minier, on voit sa silhouette se détacher sur le ciel avec ses tours pointues, ses hauts combles d'ardoise percés de lucarnes à fronton triangulaire, ses mâchicoulis… comme un vrai château féodal.

L'entrée est au bord de la route, dès la fin des lacets montant d'Avèze. La porte s'ouvre dans un mur crénelé récent agrémenté de deux tours, puis un chemin carrossable serpente, à travers un bois de conifères, jusqu'au porche où se lit l'inscription rapportée ci-dessus, avec les armes des Ginestous et la devise : *Stabit atpue florebit.*

On pénètre sur la grande terrasse, terrain rapporté devant la façade nord. La vue s'étend largement sur les montagnes jusqu'au mont Lozère et, plus près, sur la petite ville du Vigan blottie au fond de la vallée. Par temps clair, on peut apercevoir, à droite, Saint-Hippolyte-du-Fort avec les deux tours de son église.

La terrasse fait le tour du château en suivant les anciennes lignes de défense. Le bâtiment est sur trois niveaux dont le chemin de ronde sur mâchicoulis et, par endroits, un entresol selon les différences de terrain.

Construit sur les ruines de la forteresse détruite à la Révolution, la substructure apparaît avec, çà et là, les affleurements du rocher. Du côté sud qui surplombe le village, la partie inférieure du mur, faite d'une pierre différente du calcaire d'origine, est assise sur un amoncellement de rochers. Au premier étage, sur une petite terrasse, se trouvent la tour d'escalier hexagonale et le seul vestige important de l'ancienne construction : une tour ronde couverte de lauzes. Celle-ci est utilisée aujourd'hui comme citerne, dans sa partie inférieure. Une autre citerne a été aménagée dans la grande tour d'angle au sud-ouest, remarquable par un fruit très important. Il y a, en tout, six tours. La façade occidentale, percée de peu d'ouvertures, est ancrée sur les rochers. Elle limite le grand salon qui occupe toute l'aile.

La porte du château proprement dit est sur la grande terrasse. Au fond du hall, deux arcades avec des colonnes à chapiteaux de marbre blanc, masquent un escalier tournant ovale sans noyau ni échiffre. Les quatre grands paliers sont soutenus par des colonnes. Ces colonnes, ainsi que les marches, sont en calcaire rouge veiné de blanc ressemblant à du marbre, matériau provenant d'une carrière locale.

On arrive à l'immense salon dont la hauteur sous plafond est de 5,50 mètres. Sur la hotte de la vaste cheminée en pierre s'étalent avec opulence les armes de la famille Ginestous-Montdardier avec leur devise. Deux colonnes de marbre à chapiteau complètent le décor. Le carrelage intérieur est daté : 1878.

Dans toutes les pièces, le bois est à l'honneur : les plafonds à solives, les hauts lambris chers à Viollet-le-Duc, les bibliothèques... Une paroi même, dans la salle à manger, est entièrement boisée.

Malheureusement, de profondes fissures témoignent d'affaissements de l'assise du château. Des galeries d'anciennes exploitations minières ont été creusées jusqu'en 1990 sous l'édifice. Les campagnes de tir à l'explosif qui y ont été associées ont dû contribuer à déstabiliser un équilibre ancien. Les fentes que l'on voit se multiplier et s'agrandir lentement mettent en péril ce monument de notre patrimoine. Il serait urgent de le sauver comme l'on a sauvé le château de Portes.

Moussac G4

Château Baldarios

Tout près du château Carénou, en bordure de la nationale 106, entre Alès et Nîmes, ce château a été construit en 1880 par M. Tur, un grand voyageur habitant Nîmes, originaire de Saragosse, et qui revenait de Chine.

En partant en Espagne, il le vendit à M. Bloch, commerçant nîmois. La propriété appartint ensuite à M. Lévêque, et M. Milhaud, propriétaire actuel, l'acquit des héritiers de M. Maubert en 1969.

Le nom de Baldarios, de consonance espagnole, faisant référence à la rivière, lui a été donné par le constructeur et conservé par les différents propriétaires. On peut le lire sur les piliers de la grille d'entrée.

Description : C'est une belle maison, prévue comme dans les pays tropicaux pour se protéger de la chaleur, et pourvue de plusieurs terrasses.

Au milieu du jardin par lequel on arrive, on est accueilli par un chérubin en bronze juché sur une vasque, tenant une gerbe d'où, autrefois sortait un jet d'eau. Une pelouse ronde avec des rosiers a remplacé le bassin.

Le plan du château est assez complexe. La façade orientée vers la route est en trois parties. Entre deux avancées, le corps central où se trouve le perron a trois travées sur deux niveaux. L'avancée de droite, de même hauteur, est couverte d'un toit à quatre pans percé d'une petite lucarne. Elle se prolonge par un bâtiment en retrait, sous une terrasse à balustrade de pierre, à hauteur du premier étage. Celle de

Le château Baldarios à Moussac.

gauche, s'élève à trois niveaux, avec un pignon surmonté d'une très originale lucarne, constituée d'un oculus surmonté d'un fronton.

Sur la façade sud-est se détache la tour carrée au toit à quatre pans qui domine l'ensemble.

Les toits sont en ardoise.

À l'arrière, dans l'axe de l'entrée s'ouvre la porte qui donne sur la grande terrasse couverte surélevée par rapport au parc. On y descend par un escalier central à balustrade.

L'agencement intérieur a été conçu très simplement dans un but fonctionnel. Le hall d'entrée avec la cuisine d'un côté, un bureau de l'autre, débouche sur un long couloir qui commande toutes les pièces et l'escalier à cage carrée se logeant dans la tour. Côté jardin, trois grandes pièces en enfilade s'ouvrent sur la terrasse : la salle à manger communiquant avec la cuisine, le salon, la bibliothèque.

Le parc est une vaste prairie encadrée d'arbres centenaires d'essences rares dans le pays, comme les magnolias, les séquoias, les ginkgos bilobas, arbres sacrés en Chine. La petite bambouseraie qui le limite au fond serait due à Eugène Mazel, créateur de la fameuse bambouseraie d'Anduze*.

La piscine qui est en contrebas de la terrasse sert pour les expériences de M. Milhau, propriétaire actuel qui dirige l'entreprise *Spring Water*, piscines et traitement des eaux.

NÎMES H5

Château de Campagne

Il est situé à deux kilomètres de la route de Nîmes à Saint-Gilles. Là, au milieu d'un bois touffu qui couvrait tout le plateau de Garons et descendait jusqu'à la plaine, était la ferme des Templiers. On en avait fait une maison de retraite dont le cimetière a été découvert dans le pré, devant l'édifice actuel.

Le domaine, devenu bien national, fut acheté par un certain Courbier qui le revendit presque aussitôt, le 23 prairial de l'an III, à Joseph-Ambroise Blachier moyennant 200 000 livres. Celui-ci le

* Il est vraisemblable que M. Tur ait fait la connaissance d'Eugène Mazel au cours de leurs déplacements en Extrême-Orient.

Le château de Campagne à Nîmes.

légua à ses trois fils, puis son petit-fils, Adolphe Blachier, fabricant de tissus à Nîmes, acheta la part de ses frères et devint seul propriétaire de Campagne.

La ferme fut détruite par un incendie et sur ses ruines, il fit construire le château, en 1897. Sa petite-fille Émilie épousa Georges Arnaud et Campagne appartint ensuite à leurs descendants, les Pallier, qui furent, à une certaine époque, alliés aux propriétaires du château voisin, La Tuilerie.

C'était une maison splendide, qui fut réquisitionnée en 1914 et devint, pendant la dernière guerre, le Q.G. de l'armée allemande*. Elle fut acquise, en 1967, par le Golf Club de Nîmes-Campagne qui l'appela *Château de Maison-Blanche*. Il fut rénové plusieurs fois. La dernière restauration date de 1992. Elle est due à l'architecte nîmois Jean-Rémi Nègre, descendant des Pallier, qui s'inspira du bâtiment d'origine.

Description : C'est une construction d'esprit colonial rappelant l'architecture de la Renaissance italienne et la Maison Blanche de Washington.

Un grand corps de logis de plan rectangulaire à deux étages est construit entre deux ailes plus basses. Les lignes horizontales sont marquées de balustrades de pierre soulignant les étages et dissimulent le toit de tuiles. Une rotonde centrale à colonnes est enserrée par le double escalier de marbre, menant à la terrasse qui fait le tour de l'édifice. Sous le balcon du premier étage, on peut lire : *White Home*.

Au rez-de-chaussée, les pièces voûtées de l'ancienne ferme abritent l'accueil et les vestiaires. Le club est à l'étage.

---

* Pour le camoufler, il fut peint en vert et kaki !... Et dut être sablé ensuite par M. Henri Arnaud, petit-fils de Georges.

Le hall d'entrée, de dimensions gigantesques, mesure 102 mètres carrés. Sur la cheminée, une curieuse horloge scellée dans le mur, est dotée d'un mécanisme accessible par l'extérieur.

Un escalier descend aux vestiaires, un autre dessert les étages supérieurs occupés par des studios en copropriété.

Le domaine s'étend sur 52 hectares boisés et vallonnés. Dans les communs étaient les écuries, haras célèbres d'où sortit, au début du XXe siècle, le fameux Coq Gaulois, vainqueur du grand steeple d'Auteuil.

Château de la Tuilerie ou château de Nîmes

À l'entrée de Caissargues, par la départementale 135 en allant vers Saint-Gilles est indiqué, à droite, « Château de la Tuilerie, le Jardin des Vins ». Il s'agit de l'entreprise viticole de M. et Mme Comte, distante de 3 kilomètres. Un peu plus loin, chemin du Mas-d'Estagel, le château de Nîmes faisait partie du même domaine, la Combe de la Tuilerie, qui fut démembré en 1955.

En 1895, le propriétaire du domaine, Prosper Pallier, fit construire le château qui resta dans cette famille jusqu'en 1955. À cette date, il fut acquis par Mme Guy Serres, père de Mme Comte. La Société civile immobilière agricole méditerranéenne fut constituée et vendit le château en 1985. Il fut acquis par une société japonaise, La Vie en France Kabushiki Kaisha. Le château passa ensuite à la société C. Bon Cosmetics & Co LTD. et, en 2001, à Me Pierre Favre, avocat à Montpellier.

Le château de la Tuilerie à Nîmes, état ancien. Illustration originale de Carl Lücker.

Description : C'est une construction néo-Renaissance inspirée des châteaux de la Loire. Il est malheureusement invisible pour le passant, car la propriété, d'une superficie de deux hectares, est entourée d'un grillage doublé par une végétation hermétique sans failles. On peut à peine, par endroits, apercevoir une partie des hauts toits d'ardoises.

L'édifice s'élève à un étage. Il est caractérisé par l'abondance des terrasses et balcons-terrasses à balustrade. La porte d'entrée est sur la façade méridionale composée d'un corps central à cinq travées encadré d'avant-corps asymétriques. Elle est reliée à l'étage par une étroite terrasse à balustrade. Du côté du couchant, un ajout arrive au niveau de l'étage, et au nord-ouest, la tour ronde qui domine l'ensemble est également ceinturée d'une balustrade. Les combles sont percés d'oculus, pour la partie centrale, tandis que les avant-corps sont éclairés de fenêtres à mansarde.

L'accès se fait par un large escalier de pierre à balustrade débouchant sur la terrasse. Cinq arcades soutiennent la terrasse de l'étage. Au rez-de-chaussée, se trouvent quatre grandes pièces de réception et, dans le hall d'entrée, l'escalier desservant les étages. Au premier, les sept chambres disposent d'une salle de bains attenante et d'un accès à une terrasse ou d'un grand balcon. Quinze pièces sont sous les combles.

Le château de la Tuilerie est un des plus beaux spécimens de l'architecture civile de cette époque.

ORTHOUX-SÉRIGNAC-ET-QUILHAN F4

Château de Sérignac

Le village de Sérignac s'étale sur un mamelon que les cartes anciennes indiquent parmi les premiers contreforts des Cévennes. On peut le voir depuis la route de Vic-le-Fesq à Quissac, avec son château au sommet.

Attesté dès le XIe siècle, à l'emplacement d'un bastion celtique, il appartint successivement aux Montpezat, aux Mandagout et aux Cambis qui le vendirent, au XVIIIe siècle, à Jean Salles du Fesq, député du Languedoc. Il revint ensuite à la famille de Daunant par adjudication, en 1760.

Au moment de la Révolution, Paul-Guilhaume de Daunant, baron de Sérignac, confirmé par Louis XVI (époux de Gabrielle de Meynier de Salinelles), étant en litige avec les villageois qui contestaient les droits de propriété, le château fut incendié en 1792 et partiellement reconstruit.

En 1851, Achille de Daunant, premier président de la cour d'appel de Nîmes, le vendit à Jules Conduzorgues, industriel, d'une vieille famille de Quissac. Son neveu, Henri-Joseph Mirande, lui racheta cette propriété qui appartient aujourd'hui à ses descendants.

Le château de Sérignac ne se visite pas.

Description : Sur des bases anciennes, le château présente un plan en L et s'élève à un étage. L'entrée est au sud. Accessibles par un imposant escalier extérieur, les pièces d'habitation se situent dans l'aile qui s'ouvre à l'est par de hautes fenêtres en cul-de-four sur les contreforts en terrasses, face aux bois. Des corbeaux sont les seuls vestiges du second étage détruit par l'incendie révolutionnaire de 1792. Le rez-de-chaussée où se situaient cuisines et communs a conservé la base du donjon primitif qui s'appuie directement sur le rocher. La terrasse fait le tour de l'édifice. L'aile nord était occupée par l'écurie avec un pailler au-dessus. De ce côté, la terrasse, en herbe, sur l'ancienne citerne, est plantée de douze pins parasol en alignement. Un petit escalier descend dans le parc. Une cour intérieure est fermée à l'ouest par une terrasse et au sud, de part et d'autre du portail, par deux jardins clos (claousets juxtaposés à des remises du XVIIIe siècle).

PONT-SAINT-ESPRIT 12

Château de la Blache

Sur la rive droite du Rhône, 3 kilomètres à l'ouest de Pont-Saint-Esprit, le château se trouve sur la colline bordant la départementale 23.

Un petit oratoire marque l'entrée du domaine Notre-Dame de la Blache, maison de retraite des frères des écoles chrétiennes.

Au XVIe siècle, il y avait là, au lieu-dit la Blache, une grosse ferme. En 1820, Augustin de Villeperdrix, qui possédait un hôtel par-

Le château de la Blache à Pont-Saint-Esprit.

ticulier à Pont-Saint-Esprit, décida de construire pour sa femme, Eléonore de Suffren*, à la place de ce « vieux bâtiment », une belle demeure dont il fut l'architecte. La chapelle qui est tout près doit dater approximativement de 1837, date de la mort de sa femme. La crypte sépulcrale est aujourd'hui désaffectée et condamnée, après exhumation des cercueils en 1931.

Bien qu'Augustin ait eu cinq enfants, son petit-fils, Hervé de Villeperdrix mourut sans descendance. En 1930, sa veuve vendit le château avec ses dépendances et le parc à M. Grincourt, originaire d'Anjou. Celui-ci ouvrit un hôtel dont la réputation devint si mauvaise qu'il ne put le garder. Au bout de quatre ans, l'hôtel fut acquis par M. Meyer, courtier en immeubles à Marseille, qui le confia à un gérant, M. Dormoy. Mais M. Meyer était juif. En 1941, il jugea plus prudent de partir à l'étranger et le château fut acquis par les frères des écoles chrétiennes qui en ont fait une maison de retraite.

Description : Après le petit oratoire, un très court chemin monte jusqu'au parking avec, à droite un grand bâtiment blanc moderne qui a remplacé l'ancienne conciergerie. Après l'avoir longé, on arrive à un immense terre-plein devant la façade du château orientée à l'est.

Le corps central de trois travées est encadré de deux avancées coiffées d'un toit en pyramide couvert d'écailles de tuile vernissée. Leur couleur foncée rehaussée par des arêtes blanches, met joli-

* C'était la nièce de Pierre-André de Suffren dit le bailli de Suffren, célèbre vainqueur des Anglais aux Indes en 1782.

ment en valeur le beige rosé de la façade et le blanc des chaînes d'angle et encadrements des ouvertures. Les combles sont éclairés par des lucarnes s'appuyant sur la façade. Cette façade s'élève à deux étages sur rez-de-chaussée, mais le château étant à flanc de coteau, le premier étage est au niveau du sol du côté du couchant.

En prolongement vers le sud, un bâtiment de cinq travées et de même hauteur a été ajouté après la guerre de 1939-1945.

La porte d'entrée du château est au milieu du corps central, sous le balcon portant sur sa balustrade en fer forgé les initiales VS (Villeperdrix Suffren). On y accède par un petit escalier en fer à cheval donnant sur une étroite terrasse à balustrade qui court le long de la façade jusqu'à la partie récente.

À l'angle sud-est, la chapelle néogothique est séparée du château par un étroit passage. Le clocher à deux étages qui surmonte le dôme central porte une flèche aiguë hexagonale en pierre dont les arêtes sont ornées de crochets, et se termine par une croix. Tout autour, des pinacles et les gargouilles chères à Viollet-le-Duc. Sur la façade, la porte en arc brisé avec de part et d'autre une statue de saint, a un gâble finement ciselé.

La chapelle néogothique.

Devant le château, la vue est superbe sur la vallée du Rhône, et au-delà, on aperçoit le mont Ventoux. Le terre-plein a été doublé d'une vaste terrasse sous laquelle s'abritent les voitures. Un peu plus bas, la grande pelouse entourée de buis aboutit à la pièce d'eau prévue pour l'arrosage du potager.

À l'intérieur réaménagé pour loger les frères, ne reste que le bel escalier à cage carrée de style Empire.

On ne saurait quitter la Blache sans monter jusqu'au sommet de la colline où a été édifiée une tour par Augustin de Villeperdrix sur son domaine. Une statue monumentale de la Vierge est au milieu de la terrasse d'où le visiteur jouit d'un panorama encore plus étendu.

Roquemaure J3

Château de Cubières

À la sortie de Roquemaure, sur la route d'Avignon, le château remonte à la fin du XVIIIe siècle ou tout au début du XIXe. Il y avait, à l'origine, un rendez-vous de chasse au milieu d'un marécage du Rhône, dont il doit rester une partie ancienne remontant au XVIIe siècle. On doit la nouvelle construction au marquis de Cubières, né à Roquemaure en 1747, d'une famille originaire d'Uzès installée dans la région depuis le XIe siècle. Il l'édifia sous l'égide de son oncle le cardinal de Bernis, et en fit sa résidence secondaire, car il vivait à Versailles où il exerçait ses talents de botaniste et agronome.

Le château fut acheté, en 1975, par M. et Mme Wagner, à Mme Limasset qui en avait hérité.

Description : La façade principale exposée au couchant, présente trois styles de construction. Dans la partie la plus ouvragée, d'une seule travée, s'ouvre la porte d'entrée. Des montants et des consoles en pierre supportent le balcon à balustrade. Au deuxième étage, deux petites baies, encadrées de colonnes comme la fenêtre du premier étage, sont surmontées d'un unique fronton courbe. Cette partie est caractéristique de l'architecture du XIXe siècle. Le corps de bâtiment, très sobre, qui le jouxte à droite a des chaînes d'angle pour seul décor. Il se prolonge vers le sud d'une sorte de véranda qui semble être la partie la plus ancienne, couverte d'une terrasse à balustrade. Les trois hautes baies en plein cintre ont une clé sculptée. Du côté du nord, l'aspect est tout différent. Cette partie dépasse les autres en hauteur. Les longues fenêtres sont rectangulaires au premier étage, en plein cintre au second, avec une clé d'arc sculptée.

Le château de Cubières à Roquemaure.

D'après ces observations, on peut conclure qu'il y a eu plusieurs campagnes de construction.

Dès la porte d'entrée, on est accueilli par le mot *Salve* sur le sol en mosaïque du hall. Dans l'axe, deux colonnes de marbre précèdent une grandiose cage d'escalier carrée à rampe de pierre qui monte sans paliers au premier étage. Il est éclairé de vitraux à décor géométrique d'origine. L'accès à l'étage supérieur est relayé par un escalier plus modeste à rampe métallique, qui se trouve à gauche. Au grand salon situé au premier étage, des vitraux représentent des personnages médiévaux.

La rampe de pierre de l'escalier d'honneur du château de Cubières.

Cinq pièces et une suite au premier étage, sept chambres desservies par un grand couloir au second, font de Cubières un château-résidence de grand luxe, dans un parc de 2 hectares. Un restaurant établi autrefois dans les dépendances est aujourd'hui au cœur du château.

SAINT-AMBROIX F2

Château de Fabiargues

À la sortie de Saint-Ambroix en se dirigeant vers le sud, le château dit château de Fabiargues, domine, sur la droite, la route d'Uzès.

À l'époque gallo-romaine, il y avait, semble-t-il, une *villa* dans un immense domaine qui couvrait les bois de la ville et les plaines de la Cèze. En 1780, ce terrain qui appartenait à la famille Séguier fut acquis par Vincent-Auguste Guisquet. Le château y fut construit par son fils Auguste dans une dépendance du château primi-

Le château de Fabiargues à Saint-Ambroix.

tif appelé par la suite : château de Boisset*.
Au début du XXe siècle, il abrita un orphelinat, puis la propriété tomba en indivision. Le château qui était la propriété de M. Bouveron, entrepreneur de travaux publics, fut vendu en 1948 à l'Union départementale des Sociétés mutualistes du Gard.
Depuis 1986, c'est une annexe de la maison de retraite de Saint-Ambroix destinée à l'hébergement temporaire des personnes âgées valides.

Description : Dans un parc de deux hectares environ, le château est un bâtiment massif en quadrilatère couvert d'un toit de tuiles à quatre pentes. Il est muni de quatre échauguettes d'angle supportées par des colonnes adossées très ornementées. L'attention est attirée à droite, sur la colline, par une tour ronde à toit pointu, le tombeau des Guisquet.

La façade du château orientée au levant se présente à l'arrivant : deux étages, plus les combles, sur un soubassement en « pierre bleue » dans lequel s'ouvrent une modeste porte d'entrée et des baies en plein cintre. Ce soubassement se prolonge vers le sud par un ajout, couvert au niveau du premier étage, d'une terrasse avec balustrade en claustras. L'effort ornemental s'est concentré au centre. Au-dessus du porche d'entrée, une loggia aujourd'hui fermée par des huisseries, supporte le balcon du deuxième étage. Leurs deux balustrades, différentes l'une de l'autre, sont d'un dessin très original et les baies en plein cintre sont ornées d'un mascaron à la clé. Ailleurs, les fenêtres sensiblement rectangulaires sont hautes et sans allèges.

À l'arrière, une construction basse en hémicycle, éclairée de

* Dans les années 1900-1920, le château était en réalité dit *de la* Boisset.

baies à meneaux, prend appui sur l'angle nord-ouest du bâtiment. Actuellement sans affectation, elle a dû servir de serre.

Le tombeau des Guisquet.

Dans l'axe de la porte d'entrée du château, une passerelle enjambe le chemin creux qui avait été créé pour permettre le passage des vaches de la ferme voisine sans traverser le parc. Dans les bâtiments de cette ferme, ont été installées des cuisines centrales très modernes destinées aux deux maisons de repos, aux cantines et repas portés à domicile.

À l'intérieur, le grand hall distribue le bureau de la direction à gauche, les pièces de réception, l'infirmerie et l'escalier à rampe en ferronnerie montant aux chambres du premier étage.

Château de Boisset

Sur la route d'Uzès, à un kilomètre de Saint-Ambroix, le château de Boisset se dresse à flanc de coteau, sur la droite, près de la voie ferrée qui traverse le domaine. C'est, en réalité, le vrai château de Fabiargues.

Là, au XVIIe siècle était une métairie appartenant à Jaques de Sorbier, seigneur de Fabiargues, ministre de la RPR (religion prétendue réformée). Les Sorbier, de vieille souche cévenole, seraient originaires de Bagnols-sur-Cèze. Ils étaient alliés à des gens honorables comme les Ginhoux, seigneurs de Saint-Brès, issus des Villars de Fabiargues, de la famille des consuls de Saint-Ambroix. C'est à ces derniers que le domaine échut avant de parvenir au baron Séguier (parent du célèbre chancelier*), qui le vendit à Jacques-Vincent Guisquet en 1780.

Dans ce domaine était inclus le rocher sur lequel son fils Vincent-Auguste, ancien maire de Saint-Ambroix, fit construire, en 1860, le château actuel et la tour dite tour de Guisquet appartenant aujourd'hui à la commune.

* Séguier était chancelier sous les règnes de Louis XIII et Louis XIV.

Le château fut la propriété de la SMAC (Société des mines et asphaltes du Centre), acheté en 1922 à Mme Bussy, héritière des Chastanier de Boisset, descendants par alliance de Jacques de Sorbier. La SMAC l'a vendu à M. Tixier en octobre 2002.

À l'heure où nous écrivons ces lignes, il est question de mettre le château en vente.

Description : Depuis la route, une montée de 400 mètres débouche sur un vaste terre-plein où se trouvent d'un côté, le bureau de la SMAC, de l'autre, le bâtiment d'une ancienne filature et, face à l'arrivant, la grille du parc portant la date de 1873. Cette grille franchie, apparaît le château.

Dominant la vallée de la Cèze, ce long bâtiment de sept travées pour un étage, plus un demi-étage, est assorti de deux ailes en équerre délimitant une cour d'entrée, ombragée par un immense cèdre. L'aile de droite, au nord, un peu plus haute, abritait autrefois les écuries et greniers à foin. À l'extrémité de l'aile méridionale, un petit ajout de plan carré, au sud, est couvert d'une terrasse à balustrade, à hauteur du 1er étage.

À l'arrière, donnant sur la garrigue de la colline, deux tours rondes massives avec un toit de tuiles s'élèvent aux deux angles. La tour nord dépasse un peu l'ensemble*.

Devant le château, le terrain en pente s'étage sur quatre niveaux, le dernier étant une immense terrasse cimentée d'où la vue est très étendue…

Le grand parc, depuis longtemps rendu a la nature, est encombré de végétation à l'état sauvage, avec d'immenses arbustes, des buis arborescents… On découvre, à 100 mètres, une maison abandonnée, une source, le valat du Bois-de-la-Ville…

SAINT-ÉTIENNE-DES-SORTS 12

Château du Jonquier

Près du site du CEA à Marcoule, le village de Saint-Étienne-des-Sorts s'étire sur le bord du Rhône. À un kilomètre environ à l'ouest,

---

* Sous cette tour était le tombeau des Chastanier de Boisset dont les corps ont été transférés au cimetière de Saint-Ambroix.

Le château du Jonquier à Saint-Étienne-des-Sorts, vu depuis la chapelle. Photo Louis Brun.

se trouvent l'ancienne ferme du Jonquier, et la colline des Espéluches au sommet de laquelle, sur une arête rocheuse, à 153 mètres d'altitude, se dresse le château éponyme *. Cette ferme est l'antique berceau de la famille du constructeur, Paul David (1842-1923) dont le vrai nom, d'après d'Hozier, serait David du Jonquier de Gicon (ancienne forteresse militaire, 2 kilomètres à l'ouest). Après de brillantes études à Nîmes et à Paris, il fut ingénieur chimiste. Son esprit aventureux le conduisit au Brésil où il fit fortune. À son retour, il ambitionna de construire le château de ses rêves et acquit des frères Roumestan les parcelles nécessaires pour constituer un tout. Les travaux débutèrent en 1857 pour se terminer en 1899. Le château passa par héritage à sa fille Éloine, épouse Maurice de Goys. C'est leur fils, Jean, qui, en 1963, céda le château à un antiquaire d'Avignon, M. Perrot, père du propriétaire actuel.

Entre-temps, à partir des années 1920, le château avait été pratiquement abandonné. Mme David, née Jacobi du Haut de Sigy, de santé fragile, ne s'y plaisant pas, préférait le climat de la Côte d'Azur. Ouvert à tous et aux quatre vents, le château fut pillé. Plus tard encore, les Chantiers de jeunesse s'y installèrent et débutèrent un es-

* Jonquier vient de *joncs*. Sur la fontaine de la ferme, on peut encore déchiffrer cette inscription : *Olim lacus nunc fons* (« *Jadis lac, aujourd'hui fontaine* »). Le Jonquier était donc le domaine des joncs.

Le château du Jonquier à Saint-Étienne-des-Sorts. Coll. Louis Brun.

sai de restauration resté sans lendemain. La restauration complète, entreprise par le dernier acquéreur, fut magnifiquement poursuivie et menée à bien par son fils Robert.

Un chemin d'accès serpente entre chênes-verts et pins jusqu'au portail d'entrée encadré de deux tours crénelées, en contrebas du château. En arrivant, on découvre une série d'arcades en plein cintre soutenant une immense terrasse devant la façade orientée au levant. Le bâtiment, couronné de mâchicoulis, est en trois parties dont deux avancées plus hautes que la partie centrale, celle de droite s'élevant à trois étages et deux seulement à gauche. Deux tours rondes à créneaux et mâchicoulis sont au nord et au sud, celle du nord étant plus importante. De ce côté, deux tours secondaires, de hauteurs différentes protègent la façade exposée aux intempéries. Contre la paroi sud, un petit escalier monte à la terrasse, majestueuse en sa partie est, qui entoure l'édifice. On peut aussi y accéder en voiture par une longue rampe en pente douce.

À 100 mètres au sud, au bord de la falaise, une petite chapelle privée avec sa tour-clocher est dominée par la statue de saint Marc*. Les six vitraux représentent les saints patrons de chaque enfant de la famille David. La chapelle n'a jamais perdu sa vocation d'accueil des fidèles et de célébrations.

---

* Traditionnellement, les fidèles montent au Jonquier pour la Saint-Marc (25 avril) et les Rogations (bénédiction des récoltes).

La porte d'entrée du château est au centre de la façade est. Elle donne sur la pièce principale. Une cheminée monumentale occupe presque entièrement le panneau de droite, ornée des armoiries du Comtat Venaissin, du Languedoc et de la Provence. Ailleurs, des cheminées de marbre et partout des plafonds à la française.

Le château qui regarde, à l'est, la vallée du Rhône et le mont Ventoux, jouit, de tous côtés, par beau temps, d'une vue proprement fantastique. Par-delà la plaine, on aperçoit les ruines du château de Gicon*.

La petite chapelle privée du château du Jonquier. Photo Louis Brun.

En choisissant de donner au château de ses rêves un style « troubadour » en vogue à son époque, le constructeur a su éviter la lourdeur écrasante et les excès de certains spécimens de ce genre. C'est le symbole d'une époque où, par le travail et l'obstination, les rêves les plus fous pouvaient devenir réalité.

SAINT-GILLES H6

Château d'Espeyran

Au sud de Saint-Gilles, sur un site occupé dès la fin du VIe siècle avant J.-C., le domaine d'*Aspiranum* appartenait aux abbés de Saint-Gilles qui y construisirent leur résidence d'été au XVIe siècle.

Il fut adjugé comme bien national à Jean Allut et Guillaume Sabatier, riche négociant de Montpellier, le 18 novembre 1791. L'origine du bâtiment est donc ancienne, mais le château lui-même date de la première moitié du XIXe siècle.

En 1808, Jean-Baptiste, le neveu de Guillaume à qui il l'avait légué, agrandit la propriété, puis la laissa, en mourant en 1818, à son fils Frédéric. Celui-ci restaura et reconstruisit en partie le bâtiment existant. On lui doit son décor et son riche mobilier. Son fils Guillau-

* Cf. Marthe Moreau, *Les Châteaux du Gard... op. cit.*

me entreprit de grands travaux en 1880, le rehaussant d'un étage. Passionné de chevaux comme son père, il y ajouta une écurie et une sellerie*. Espeyran fut un des seuls dépôts d'étalons du Gard.

Pour assurer sa pérennité, en 1963, M. et Mme Guy d'Espeyran léguèrent à l'État le château et le parc attenant, afin d'y créer un dépôt central de microfilms des Archives de France. Il fut inauguré en 1973.

Description : le château apparaît avec ses hautes toitures d'ardoise, en honneur au XIXe siècle, et ses deux tours.

Il est construit sur un plan en L. Le corps de logis principal à trois niveaux avec des combles à la Mansart est au sud. Au milieu de sa façade, un perron à colonnes soutient le balcon à balustrade de pierre. À gauche, la massive tour d'angle carrée où se logent la chapelle et la bibliothèque, est percée sur ses quatre faces de fenêtres et de cadrans d'une horloge. En diagonale, une tourelle polygonale occupe l'angle nord-est.

À l'ouest, l'aile perpendiculaire se prolonge vers le nord par une galerie soutenue par deux arcs en anse de panier, aboutissant aux écuries construites parallèlement au corps principal du château. Ainsi se trouve délimitée une cour carrée fermée du quatrième côté par une grille partant de la tourelle.

Des portes-fenêtres donnent accès aux pièces de réception en enfilade au sud. Dans la cour, une porte dans l'axe de l'entrée principale donne sur l'escalier de service et les pièces utilitaires.

Au centre de la maison, un grand escalier aux marches de noyer et rampe en bois découpé, dessert les étages où sont les chambres. Au rez-de-chaussée, des vitrines sont pleines d'oiseaux et de gibier naturalisés, représentatifs de la faune locale. Les murs sont ornés de toiles attribuées à Snyders**.

Le décor du XIXe siècle est resté intact et le mobilier est exclusivement antérieur au XXe. L'accumulation des meubles et des objets d'art en fait un véritable musée, selon la conception de l'époque, sans aucun souci de mettre les œuvres en valeur. On y voit beau-

---

* Les Sabatier étaient de grands bâtisseurs. On leur doit l'hôtel Sabatier à Montpellier (1760 à 1808), un hôtel au rond-point des Champs-Élysées restauré par la veuve de Frédéric en 1874, la construction d'un hôtel à l'angle de l'avenue Montaigne, vers 1890.

** Franz Snyders (1579-1657), peintre flamand spécialiste des natures mortes et des animaux.

Le château d'Espeyran à Saint-Gilles.

coup d'armoires à décor sculpté typiques du Languedoc, des portraits, des peintures représentant des animaux, des scènes de chasse, surtout des chevaux que l'on retrouve partout, des gravures de thème équestre. On remarque cinq immenses tapisseries de Bruxelles. Les scènes mythologiques sont dues à Eugène Deveria qui travaillait pour Frédéric vers 1850 *.

La résidence des abbés était au milieu des bois. La propriété couvrait 1 300 hectares lorsqu'elle appartenait à Félix Sabatier et s'étendait jusqu'aux marais. Le parc, aujourd'hui d'une superficie de 13 hectares, fut créé au XIXe siècle. Il est riche en résineux, feuillus variés, arbustes à fleurs... Les bureaux sont construits à l'emplacement du paddock, à côté de la ferme où sont élevés les chevaux. Quant aux microfilms des Archives, ils sont conservés en sous-sol, dans des locaux appropriés.

Le château d'Espeyran, avec son décor d'origine, reste un document fidèle témoignant du mode de vie d'une riche famille bourgeoise au XIXe siècle, ce qui n'est pas son moindre intérêt.

Il a été filmé par la télévision, en 1997, sous le nom de « château d'Azérac », pour une série : *Le Grand Bâtre*.

* Eugène Deveria (1805-1865) peintre et graveur français.

SAINT-HILAIRE-DE-BRETHMAS F3

Château de la Jasse-de-Bernard ou château Mittard

Le hameau éponyme de la Jasse-de-Bernard est au sud-est d'Alès, sur la départementale 981 conduisant à Uzès.

À la sortie du hameau, on aperçoit le château, à gauche, au fond du grand parc, dans l'axe de la grille d'entrée.

Il a été construit vers 1900 par M. Mittard, ingénieur des Mines et sa femme, Georgette Seter, qui revenaient d'Indochine avec quelques économies. En 1933, il fut acquis par les Houillères des Cévennes pour y loger les patrons, puis M. et Mme Cros-Delpon en devinrent propriétaires en 1987.

Description : Le domaine comprend le château, une ferme et la maison du jardinier, aujourd'hui cabinet médical de Mme Cros Delpon, désigné sur un plan comme *Le Lazaret*. Le parc est une réalisation magnifique aux arbres centenaires avec des bassins et un réseau d'eau qui représente un véritable travail d'ingénieur.

Le bâtiment imposant, sur plan pratiquement rectangulaire, témoigne de la richesse de l'époque par la somptuosité de l'architecture et l'exubérance du décor.

En bordure de la route, sur la grille d'entrée en fer forgé, se lisent à jour les mots *Annam* et *Tonkin*, souvenir d'Indochine.

SAINT-JEAN-DU-PIN F3

Château de Broves

En sortant d'Alès en direction du sud-ouest par la route de Générargues, qui serpente entre les tout derniers plissements des Cévennes, on aperçoit, dès que la vallée s'élargit, le château de Broves abrité dans un amphithéâtre de collines.

Il est construit sur les bases d'un très ancien mas qui figure sur les vieilles cartes sous le nom de mas du Pin ou mas Pinu, établi là pour le site et la présence de sources autrefois abondantes. Dans la propriété ont subsisté des pins d'Alep de près de deux siècles. Une petite église romane toute proche* a pris tout naturellement le nom de Saint-Jean-du-Pin, qui fut adopté ensuite par la commune.

Ce mas ne souffrit pas trop des guerres de Religion, des camisards et de la Révolution. Il fut transformé peu à peu, et surtout à partir de 1825 quand il devint la résidence du comte Louis de Rafelis de Broves dont le père était contre-amiral de la famille royale. Cette famille était de vieille noblesse de Provence, connue depuis 1325 et possédant la seigneurie de plusieurs villages dans le Var. Son histoire est relatée dans deux ouvrages rédigés en 1885 par l'abbé Georges Rafelis de Broves qui naquit et mourut au château de Broves.

Au XIXe siècle, Pasteur qui habitait la propriété voisine, y venait souvent pour étudier les maladies qui ravageaient la sériciculture. Une partie du mas était en effet consacrée, depuis 1700 environ, à l'élevage des vers à soie.

À la mort l'abbé Rafelis de Broves, en 1904, la propriété échut, à des héritiers géographiquement éloignés et fut occupée par diverses familles dont les Cornier, les Maurel et Mlle Trinquier**. Elle se trouva ensuite dans le patrimoine du baron Xavier de Reille, propriétaire du château de Lacoste à Saint-Martin-de-Valgalgues***, qui le confiait à des gardiens.

---

* Cf. P.-A. Clément, *Églises romanes oubliées du bas Languedoc*, Montpellier, Les Presses du Languedoc 1989, p. 296.

** Mlle Trinquier, figure mémorable de la commune.

*** Marthe Moreau, *op. cit.*, p. 205.

Le château de Broves à Saint-Jean-du-Pin.

En 1952, M. et Mme Tressaud, originaires de Provence, appelés à Aix pour des raisons professionnelles, trouvèrent le château dans son état ancien et très délabré, mais furent séduits par son atmosphère provençale sauvage et authentique, pas encore défigurée par le modernisme. Ils l'acquirent du baron André Reille, fils de Xavier. Ils ne cessèrent depuis lors d'y travailler avec courage pour lui donner une nouvelle vie en le restaurant avec soin. La propriété fut mise en état, les accès élargis, le parc planté d'essences choisies.

C'est actuellement une société agricole qui, avec l'ancienne ferme et le bâtiment des écuries, s'est tournée vers l'élevage, spécialement de chevaux arabes purs égyptiens.

Description : C'est un corps de logis rectangulaire dominant le vallon et ses prairies. Son architecture est sobre. La façade méridionale, flanquée de deux tours rondes à toit conique, s'élève à deux étages de sept travées. Au premier étage, une étroite terrasse à balustrade où se trouve la porte d'entrée principale court d'une tour à l'autre. On y accède par l'escalier à double révolution qui abrite en son milieu une petite chapelle très simple dont le tabernacle est ouvragé. La terrasse est soutenue par une arcade en anse de panier, d'un côté, et de l'autre, couvre, une serre.

Au rez-de-jardin, les caves, fondations du bâtiment médiéval, sont couvertes de berceaux en plein cintre et de voûtes d'arêtes. Celles situées au nord, partiellement enterrées et percées de meurtrières, recevaient les foudres à vin. Celles du sud servaient de remises et d'écuries. Au nord et à l'est, des hangars ont été adossés.

Depuis la terrasse, on jouit d'un large panorama sur les collines environnantes, sur le piton rocheux et le château de Soucanton* qui appartient à la famille Tressaud.

À l'intérieur, le hall d'entrée dessert les pièces de réception équipées de cheminées anciennes. La salle à manger, avec sa grande cheminée en pierre armoriée, faisait partie des magnaneries. Les escaliers de pierre donnent accès aux caves ainsi qu'à l'étage où sont les chambres, salles de bain, greniers. Une chambre dont seuls subsistent l'escalier et le dallage, se logeait derrière un fronton (supprimé vers 1938) qui surmontait la toiture dans l'axe de la façade.

---

* Cf. Marthe Moreau, *op. cit.* p. 24.

SAINT-PAULET-DE-CAISSON 12

La Conseillère

Le château de La Conseillère à Saint-Paulet-de-Caisson. Photo Louis Brun.

Depuis la départementale 343 qui conduit de Pont-Saint-Esprit à Saint-Paulet-de-Caisson, on aperçoit le château situé à l'est du village. À droite, le chemin de la Conseillère longe le domaine clos de murs qui s'étend jusqu'au ruisseau du Moulin, à l'entrée de Saint-Paulet.

Le château, construit dans la première moitié du XIXe siècle fut acquis, sans doute du constructeur lui-même, par les Flandin*. En 1858, M. Flandin, alors maire de Saint-Paulet, recevait Mgr l'évêque dans son château.

Après la guerre de 1914, M. Marin acheta le domaine qui appartient aujourd'hui à son descendant, Me Marin, avocat.

Plusieurs grilles d'entrée donnent accès au vignoble, au parc et à la cour des communs. Celle du château s'ouvre sur l'allée de tilleuls qui remplacent les marronniers détruits il y a quelques années par une tornade.

Description : La longue façade en vue depuis la route est exposée au levant. Encadrée de deux tours, elle s'élève, à un étage plus un demi-étage éclairé de petits oculus, pour six travées. Les tours rondes sont coiffées de toits hexagonaux aux tuiles vernissées.

La cour d'entrée, ornée de deux beaux platanes, est au midi. Elle est ouverte sur un vaste terre-plein et une prairie qui s'étend jusqu'au grand bassin de 50 mètres de long servant aux arrosages. Dans l'angle sud-ouest, se trouve un petit pavillon au toit pointu comme celui des tours du château.

---

* Cette famille bourgeoise a donné plusieurs officiers de marine dont l'un fut condisciple de Napoléon à l'école de Brienne.

Au fond de la cour, dans l'angle de droite, la porte d'entrée donne sur l'escalier. En face est ménagé un passage sur le jardin et les communs comprenant la maison du gardien. Les bâtiments qui limitent la cour sont pourvus d'un décrochement pour deux tours rondes qui, jamais achevées, dépourvues de couronnement, sont actuellement des pigeonniers*.

Château de Balazut ou de Gabriac

Il a été construit pour Paul du Plessis, du château de Pouzilhac, par l'architecte qui venait de moderniser, en 1830, le château de Lamartine à Pont-Saint-Esprit.

Il appartenait au docteur Polge lorsqu'il fut acquis, en 1954, par Louis Guigue agriculteur, père de Jean, le propriétaire actuel. À cette époque, le château était dans un état déplorable. Il fut alors réparé, modernisé, les tours consolidées et un peu abaissées.

M. Jean Guigue est un des pionniers de la culture biologique.

Description : Le style est identique au château de Lamartine, mais il est un peu plus grand : deux tours rondes couvertes d'une terrasse à balustrade de pierre encadrent la façade à deux étages orientée au midi. Le toit de tuiles à quatre pentes est semblable à celui des bâtiments en équerre qui limitent la cour d'entrée fermée d'une grille.

---

* Il arrivait parfois que l'on en fît des moulins à vent.

Le château de Balazut à Saint-Paulet-de-Caisson.

L'intérieur a été entièrement modifié, la grande cage d'escalier sacrifiée, ainsi que les anciennes cheminées, au bénéfice du confort et d'une habitabilité plus conforme au goût du jour.

Saint-Privat-des-Vieux F3

Château de la Baronne ou de Montoison

Le château est à un kilomètre environ au sud-ouest du village. Le nom de « la Baronne » lui a été donné par M. de Montoison, constructeur du château, qui était apparenté à Jacques de Cambis. Il tenait ce domaine d'un négociant en vins de Nîmes, Hippolyte Nègre, qui en avait hérité en 1886, après avoir épousé la cousine du propriétaire, le marquis de Roquefeuil.

La construction dura cinq ans, de 1902 à 1907. Grand amateur d'oiseaux exotiques, M. de Montoison y avait créé un musée pour ses collections et ses oiseaux remplirent le parc. Les Montoison gardèrent domaine et château, puis les vendirent, en 1936, à Alexandre Vidal. La propriété, d'une superficie de 60 hectares en terres cultivables, vignes et bois, s'étendait jusqu'à la rivière d'Avène. M. Vidal la morcela au bénéfice de ses trois filles. C'était le grand-père de Mme Piéchegut qui devint la propriétaire du château.

Description : C'est une bâtisse de plan carré à laquelle plusieurs toits et quelques fausses cheminées donnent un aspect plus imposant. Il est à deux étages mais, construit sur la pente, la façade occidentale est à deux niveaux sur rez-de-jardin. L'entrée est au sud par un porche couvert donnant accès à une petite pièce éclairée de vitraux en losanges.

À l'intérieur l'escalier de pierre avec sa rampe en ferronnerie est d'origine, ainsi que les plafonds à la française, les cheminées de marbre, les parquets de chêne, les lambris… Les portes de communication entre les pièces sont vitrées de petits carreaux biseautés de style 1900.

Du côté du couchant, la vue s'étend vers Alès et les Cévennes, au nord sur la vallée de l'Avène.

M. et Mme Piéchegut ont su garder à cette demeure tout le charme d'une époque souvent méconnue.

Saint-Victor-des-Oules H3

Château de Saint-Victor-des-Oules

Dans ce petit village situé au nord-est d'Uzès, dont le nom évoque le souvenir des potiers du Moyen Âge, le château est à l'emplacement d'un plus ancien, qui devait dater de la fin de la Renaissance, appartenant à la famille d'André de Saint-Victor depuis 1709.

En 1875, Égide d'André, ruiné, le vendit à Me Amouroux, notaire associé à un industriel, M. Carbou qui, ayant fait faillite à leur tour, le cédèrent à Léonce Pascal, quelques années plus tard.

Le monument actuel est donc l'œuvre de Léonce Pascal qui utilisa en remploi certains éléments de l'ancien château. Les travaux se poursuivirent sans arrêt de 1885 à 1890 avec la création d'un grand parc qui, en s'agrandissant vers l'ouest, détruisit deux maisons du village.

Léonce Pascal qui était directeur au « Bon Marché », se lança dans la politique en prenant sa retraite. Il devint maire de Saint-Victor, puis député maire d'Uzès. À sa mort, en 1923, la propriété fut vendue à un journaliste, puis passa de main en main, à diverses sociétés industrielles. En 1993 M. Vignon l'acquit d'un antiquaire, M. Régis, pour créer un hôtel-restaurant. Il fit exécuter des travaux d'aménagements grandioses, avec piscine, tennis, terrain d'atterrissage pour hélicoptères, etc.

L'hôtel fut fermé trois ans plus tard, à nouveau mis en vente en 1998. Il appartient aujourd'hui à M. et Mme Codoni de nationalité suisse.

Description : Cette imposante bâtisse, malgré un mélange de styles, Belle Époque par certains côtés, est caractéristique des constructions du XIXe siècle finissant.

La cour d'entrée, avec ses palmiers et bambous à la mode de l'exotisme, est au sud-ouest. La façade principale à deux étages est encadrée de deux tours rondes à créneaux. Au rez-de-chaussée, une galerie avec des colonnes de style toscan à section carrée, supporte un balcon avec balustres à double poire courant tout le long de l'édifice. La grosse tour carrée à l'angle nord-ouest se distingue par son toit en terrasse garni de quatre pyramidions, alors que la petite tour ronde du quatrième angle a un toit d'ardoise comme tout l'édi-

Le château de Saint-Victor-des-Oules (à gauche) et son entrée principale (à droite).

fice. Les fenêtres ornées de mascarons sont une récupération de l'ancien château. D'autres, comme la grille d'entrée, arborent des initiales enlacées : LC (Léonce Pascal).

Le plan du château, sensiblement carré, se prolonge dans le parc, vers le sud. Depuis 1984, le parc est coupé par la route conduisant au centre du village. Ses deux parties sont reliées par un passage souterrain.

Une source pérenne captée passe dans le château. Elle alimentait la cuisine avant de se déverser dans le petit bassin du parc.

SARDAN F5

Mas de Baumel

Dans un virage, entre Sardan et Gailhan, une grille blanche s'ouvre sur le chemin montant au mas de Baumel. Cette ancienne propriété viticole devait dépendre du château situé sur la hauteur, à 200 mètres environ, dont il reste quelques vestiges.

Le grand bâtiment, construit au XIXe siècle, appartenait dans les années 1920, au chanoine Rousson. Il fut acquis par une famille de viticulteurs, les Rave, puis passa par mariage à M. et Mme Thibault. Celle-ci le vendit, en 1970, aux Fargier qui l'habitent encore.

M. Fargier y ajouta les deux tours carrées qui lui donnent son aspect actuel. À la place de la tour orientale était la petite chapelle du chanoine. Les peintures en trompe l'œil dont elle était décorée ont malheureusement disparu au cours d'un incendie en 1971.

Description : Visible depuis la route qu'il surplombe, le bâtiment rectangulaire est couvert d'un toit de tuiles à quatre pans. Il présente sa façade occidentale encadrée des deux tous carrées. La porte d'entrée principale donne sur l'escalier. Une croix peinte au-dessus avec la date de 1916, est un souvenir du chanoine Rousson comme la petite statue de la Vierge dans une niche aménagée dans le parc.

On entre plus couramment par le sud dans la cour carrée qui, en raison de la déclivité du terrain, est à hauteur du premier étage où sont les pièces d'habitation.

Les belles voûtes sur lesquelles le bâtiment est construit sont du XVIIe siècle.

Le parc, bien que d'une superficie modeste, ne manque pas de charme avec de superbes buis taillés.

SAUVE E4

Château de Pigné (autrefois Pignet)

À une distance de 2,500 kilomètres environ de Sauve vers Saint-Hippolyte-du-Fort, la tour carrée de Pigné dominant le vignoble s'élève sur la droite.

L'existence du domaine est attestée dès le XVIe siècle par des vestiges dans la cave. La construction actuelle doit dater de 1809, date inscrite au-dessus de la porte d'entrée. Elle est due à la famille du célèbre pionnier de l'aéronautique Henri-Théodore Sivel dont ce fut la maison natale en 1834 *. Pendant quelque temps, à cette époque, un relais de poste fut installé sur la route devant Pigné.

En 1963, M. Delon, héritier des Sivel, vendit le domaine à M. Servel, pépiniériste à Saint-Hippolyte-du-Fort. Ce fut le créateur du vi-

---

* Henri-Théodore Sivel construisit un énorme ballon de 3 000 m³ avec de la soie de Sauve. Il battit plusieurs records d'ascension et de durée. En 1875, au cours d'une montée fabuleuse avec le ballon *Le Zénith*, à 8 600 m d'altitude, il mourut asphyxié, ainsi que l'aéronaute Crocé-Spinelli. Une plaque commémorative est visible dès l'arrivée, au coin du mur sud-ouest.

gnoble qui s'étend aujourd'hui sur 10 hectares autour du bâtiment. L'exploitation appartient depuis 1996 à la famille de M. Koloszar, de nationalité suisse, producteur.

Description : La façade de ce petit château orientée au sud-ouest se développe sur deux niveaux de six travées, sous un toit de tuiles à deux pentes bordé d'une double génoise. Celui-ci s'étire en longueur sur 45 mètres pour abriter une partie de la cave vers le nord-ouest. Devant la porte d'entrée au-dessus de laquelle la date de 1809 est inscrite dans un cœur, s'étend une vaste terrasse gazonnée d'où l'on voit, au-delà de la vigne en contrebas, le massif du Coutach. Sur une table de pierre, une date : 1816.

À l'arrière, une cour est limitée par deux avancées inégales. La plus importante est couverte à hauteur d'étage, d'une terrasse à balustrade de pierre. Celle située au sud-est atteint le niveau du corps central avec un toit à quatre pentes. Du corps central s'élève la tour, ancien pigeonnier.

La couleur blanche de la balustrade et des bandes étroites qui encadrent tous les murs contraste agréablement avec le beige rosé de l'ensemble.

Le portail en fer qui ferme la cour donne sur un petit chemin longeant le bâtiment et le vignoble.

À l'intérieur, une partie est voûtée, dont l'ancienne cuisine qui a été conservée. Dans le hall d'entrée, l'escalier droit à rampe en fer forgé monte à droite, le long du mur. Les plafonds du rez-de-chaussée sont à faible hauteur, contrairement à ceux de l'étage où certains sont à solives apparentes. À gauche en entrant se trouvent trois grandes pièces et une cuisine. En haut, six chambres se distribuent à droite et à gauche, dont trois sont destinées à des locataires.

Le château de Pigné à Sauve.

SERVAS F3

Château du Joncas

Près d'Alès, 1,500 kilomètre au nord-est du village de Servas, le château du Joncas se voit difficilement depuis la route départementale 147 qui rejoint Navacelles.

À son emplacement était un mas, le mas de Joncas, lieu-dit tenant son nom du vallat qui coule en contrebas.

En 1850, le marquis de Chanaleilles habitant Paris* fit construire ce château pour sa maîtresse, dit-on, coutume assez courante à l'époque. Son fils ayant été tué dès le début de la guerre de 1914, il le vendit à un commerçant d'Alès, M. Angeaud. Celui-ci le garda jusqu'en 1938 et ce fut ensuite la propriété d'un chiffonnier-ferrailleur du nom de Sarraquigne. Il fut dès lors si mal entretenu qu'il était délabré lorsque l'acquit M. Comte, entrepreneur, en 1962. La restauration qu'il entreprit en 1968 en fit le beau château que nous voyons aujourd'hui.

Description : La façade principale orientée au midi se présente avec des fenêtres à meneaux de pierre et sur deux niveaux de cinq travées, plus un soubassement. Un demi-étage est en retrait, réservant la surface de la terrasse à balustrade en claustras de terre cuite rouge. La teinte rosée des petites briques de la façade s'oppose à la blancheur des tours rondes à haut toit pointu qui l'encadrent et au gris profond des écailles en terre cuite vernissée couvrant les toitures. Ce qui fait un ensemble très séduisant.

* Une rue porte encore son nom, à Paris, dans le VIIe arrondissement.

Le château du Joncas à Servas.

La porte d'entrée principale est dans la tour de droite. Son riche décor se compose d'une accolade surmontée d'un écusson avec trois lévriers, le tout orné à profusion de feuilles d'acanthes et d'une inscription : *Fideliter et alacriter.*

La porte d'entrée du château du Joncas.

Au nord, la façade est plus modeste avec une échauguette à droite est une sorte de grosse tour carrée en biais dans l'angle nord-est... Elle est ornée de chaînes d'angle.

Le plan au sol est un rectangle allongé. Les façades est et ouest, plus étroites, ont une seule travée.

À l'intérieur, les grandes pièces ont des plafonds à la française. On remarque, dans le salon, une belle cheminée de pierre. Les escaliers à vis, logés dans les deux tours, sont remarquables par l'absence de noyau central. Pour y suppléer, les marches se superposent en spirale.

Au premier étage sont les chambres. L'étage supérieur était destiné au personnel. Aujourd'hui, trois appartements sont aménagés dont un est occupé par le propriétaire.

Le château et son jardin sont entourés d'un bois de trois hectares. À quelques mètres du château, la base de l'ancienne éolienne a été conservée et utilisée pour le chauffage.

SOMMIÈRES F5

Coste-Cirgues

Au sud de Sommières, en direction de Galargues-le-Montueux, Coste-Cirgues, bien caché dans les broussailles de la colline, est insoupçonnable depuis la route. Sur la carte de l'IGN, il est indiqué *mas de Fine*, nom des précédents propriétaires de ce qui était alors

Le château de Coste-Cirgues à Sommières.

une ferme, vendue après leur ruine. Depuis cinq générations, le domaine appartient à la même famille.

Vers 1918, le bâtiment fut restructuré par le docteur André, grand-père de Mme Féau, actuelle propriétaire*.

Description : Un chemin de 150 mètres environ monte depuis la route jusqu'à un vaste terre-plein. Au débouché du dernier virage surgit le château. On est pris aussitôt par le charme de cette belle demeure. Elle apparaît avec une profusion de terrasses et balcons à balustrades de pierre, des tours, des fenêtres à meneaux ou à traverse, des gargouilles. La tour d'escalier, ronde à toit conique couvert d'ardoises et percé de quatre oculus, est pourvue d'une horloge. Au sommet d'une tour carrée s'élève un campanile en fer forgé, muni de sa cloche.

Le gros œuvre est en U. Des voûtes de pierre témoignent de son ancienneté.

Au sud, la cour d'entrée s'ouvre par une grille du XVIIIe siècle remplaçant le mur qui clôturait autrefois la ferme.

Nous tenons à remercier ici Mme Féau qui, pourtant très attachée à sa tranquillité, a bien voulu nous accueillir et nous permettre de prendre des photos.

Massereau

Ce petit manoir qui a son origine au XIIe siècle, est entré dans le domaine national à la Révolution. Il fut acquis par Pierre Causse, négociant à Sommières, qui le céda ensuite à son frère Louis en 1806, et il est resté depuis lors dans cette famille.

Sur cette base ancienne, de grands travaux ont été entrepris

* En 1972, à la mort du docteur André, on donna son nom à un square au Mont-Dore.

vers 1850, qui ont donné au bâtiment sa physionomie actuelle. Aujourd'hui en indivision, il est occupé par M. et Mme Freychet.

Description : On entre par le nord-est dans une cour close carrée où se loge, dans l'angle sud, la tour d'escalier munie d'une échauguette. Le long du mur, à droite, a été ajoutée une galerie avec trois hautes baies en plein cintre.

Dans la tour, une petite porte donne accès aux pièces d'habitation situées en équerre au sud-ouest et au nord-est. Les bâtiments d'exploitation du domaine occupent la partie sud-est. Un plan daté de 1713 permet de situer les différentes transformations.

L'espace de l'ancienne cuisine a été utilisé pour établir la cage de l'escalier rendu nécessaire pour desservir l'étage nouvellement construit au nord-ouest. Les bâtiments de la partie sud furent démolis pour créer une bergerie empiétant sur la terrasse. Au-dessus s'élève le pigeonnier carré. Les bâtiments de l'angle ouest ont été supprimés pour prolonger la terrasse.

En contrebas se trouve l'orangerie et, à l'alignement de la terrasse, un réservoir de 25 mètres sur 12 mètres, prévu pour l'irrigation, mais pouvant aussi servir de piscine. Il est alimenté en eau courante venant d'une source captée à proximité du ruisseau de Corbières par un aqueduc souterrain. Celui-ci a été « tracé par Louis Poulon, conducteur des Ponts et Chaussées au Service hydraulique de Nîmes qui en a fait le nivellement. Cet aqueduc est de 1 614 mètres de long du point de départ au point d'arrivée qui est le mur d'appui de la terrasse. Il a été commencé le 15 avril 1857 et tout construit en pierres de taille et maçonnerie. [...] C'est Casimir Delon, maçon de Sommières, qui l'a exécuté et posé toutes les pierres sous les ordres de François-Louis Causse ».

Massereau à Sommières.

À l'ouest, le premier étage et les combles éclairés par des oculus furent créés vers 1850, avec une belle façade néoclassique donnant sur le parc. Sous le balcon en ferronnerie, la porte en plein cintre entre deux pilastres entourés de refends s'ouvre de plain-pied.

Massereau est une propriété privée. On ne visite pas.

Château de Lintillac

Sur la hauteur, vis-à-vis de la tour de Sommières qu'il domine, le château de Lintillac est visible depuis la route de Lunel. On l'appelle aussi château de Calès, car situé dans le quartier de Calès, à la limite entre les communes de Sommières et de Villevieille. Des cartes anciennes le nomment château de Monplaisir ou château de Monsouhait.

C'est l'œuvre du marquis de Lintillac, médecin sommiérois qui devait faire partie du premier conseil municipal en 1848. Il y avait là une ancienne chapelle et quelques bâtiments. Le marquis se serait ruiné en construisant son château, ce qui explique pourquoi il y a seulement les deux tours de façade.

Au cours du XXe siècle, le château changea de main plusieurs fois. À la fin du XIXe siècle, il appartenait à Mme Jaume, veuve Soulairol et valait alors 40 000 francs. Me Cade, bâtonnier à Nîmes, l'acquit, puis le céda, en 1939 à M. Joseph Renart. Vu les difficultés de l'époque, celui-ci ne le garda que deux ans et le vendit à Thérèse Pin, épouse de M. Bismuth de Courcelles qui, malheureusement, était juif. Dénoncés par un sommiérois, les époux furent raflés et massacrés à Alès en 1944. Le seul survivant fut Tony Jonesco, fils d'un premier mariage. Ne voulant pas conserver Lintillac, il le vendit au peintre Marius Aillaud dont on peut voir sur un mur du salon, une toile peinte représentant une scène de chasse. Après M. Pierre Liault, M. et Mme Espinet gardèrent le château pendant vingt-cinq ans. Il était en très bon état en 1994, lors de l'achat par Me Massa, avocate, à un anglais, M Kenneth Charles Gumbie. C'est l'actuelle propriétaire.

Il y avait beaucoup de dépendances. La ferme dite de Belleau, sur la commune de Villevieille, fut vendue à part à M. Sauvin.

Description : À la sortie de la ville, vers Gallargues, une rue étroite monte jusqu'au chemin privé très pentu qui, en lacets serrés, arrive à la grille. On découvre le château après une allée aboutissant à l'immense esplanade d'où la vue est saisissante sur la tour de Sommières très proche, sur la ville, sur la plaine du Vidourle et jusqu'au pic Saint-Loup. Cette esplanade est bordée d'un parapet partiellement interrompu par des balustres de pierre et des grilles en fer forgé du XVIIIe siècle.

Le château de Lintillac à Sommières.

Le château présente sa façade de cinq travées sur un étage et un demi-étage. Elle est orientée au sud-ouest, encadrée de deux tours rondes crénelées qui devaient avoir, à l'origine, un toit pointu, sans doute en tuiles vernissées. La façade elle-même est crénelée, sauf la partie centrale couronnée d'une balustrade de pierre, le tout dissimulant le toit de tuiles. Cette partie, en légère saillie, soulignée de refends de part et d'autre, est particulièrement soignée. Sa couleur claire ressort sur l'ensemble recouvert d'un crépi grisâtre, imitant la pierre.

La fenêtre du premier étage est surmontée d'un bas-relief décoratif. Sous son balcon en fer forgé s'ouvre la porte d'entrée ornée des initiales L et A, la femme du marquis étant née Albinet.

À l'intérieur, le hall, en deux parties successives, donne sur deux grandes pièces : à droite, le salon de la musique où les instruments sont représentés en motifs sculptés, sur les murs tout autour ; à gauche, le salon de la chasse et de la pêche. L'ornementation est très riche. Partout de beaux carrelages dont certains sont anciens.

La cuisine est creusée dans le roc, à côté de l'escalier desservant les cinq chambres.

À l'arrière, des bâtiments annexes, où loge le gardien, et la chapelle qui fut le point de départ du château.

Le château Bérard à Uzès.

Uzès H4

Château Bérard

Sur la route d'Avignon, à 2 kilomètres d'Uzès, un chemin carrossable prend à gauche pour conduire au domaine de Bargeton, lieu dit la Montagne.

Après en avoir franchi l'entrée, le petit pont sur le ruisseau d'Alzon, on tombe sur la grille du château Bérard.

C'est le nom du constructeur, un industriel qui dirigeait, au XIXe siècle, une importante filature (actuelle magnanerie) aux environs du domaine des Bargeton*. L'architecte fut Henri-Antoine Revoil (1822-1900). À son retour d'Algérie, M. Roggy acquit le château et toute la vallée avec le mas et le moulin, puis le revendit à M. Joachim Berger, de nationalité allemande. M. Werner Beck, gestionnaire d'une clinique à Berlin, l'acheta le 14 juin 1991. C'est le propriétaire actuel.

Description : Dès l'entrée du parc apparaît le château, majestueuse construction en briques et pierres, et toits d'ardoise rappelant le style Louis XIII. Il s'élève à deux niveaux, plus les combles. La façade qui se présente au visiteur est orientée au nord-ouest. L'escalier central à balustrade est orné de quatre urnes en pierre. Cette façade donne sur une pelouse en pente douce jusqu'à l'Alzon qui limite la propriété. La partie centrale de trois travées a un toit brisé à la Mansart. Elle est encadrée de deux avancées, pavillons carrés de même hauteur, coiffés de toits pointus, et ornés d'un panneau de pierre de chaque côté de la grande fenêtre.

---

* Cette importante famille a donné plusieurs consuls. Une réunion consulaire eut lieu au domaine en 1534, pendant l'épidémie de peste.

Les fenêtres rectangulaires sans allèges vont du plancher jusqu'au plafond. Des chaînes appareillées en harpes* les encadrent et consolident les angles.

Il faut contourner le château pour trouver, sur la façade opposée, la véritable porte d'entrée donnant sur le hall et l'escalier montant à l'étage. De ce côté, l'organisation de la façade est la même, mais l'escalier extérieur central est constitué de deux montées parallèles et elle est plus ornementée. Dans les combles, l'accent est mis sur la lucarne centrale dont la fenêtre à croisée de pierre, entre deux pilastres, est surmontée d'une sculpture et d'un arc brisé sommé d'un vase d'amortissement.

À l'intérieur tout a été complètement « rénové » dans un but fonctionnel. Au premier niveau, les pièces de réception donnent sur la pelouse et il y a six chambres à l'étage. Le logement des gardiens a été aménagé dans les combles.

Le parc, d'une superficie de 2 hectares environ, est riche en arbres d'espèces rares : un énorme séquoia qui doit atteindre 140 mètres de haut, un ginkgo biloba (arbre sacré d'Orient), des cèdres du Liban... et puis, des platanes, des marronniers.

Une piscine discrète, en contrebas, s'intègre bien dans ce bel ensemble.

Plantéry

Le domaine de Plantéry à Uzès.

Situé à un kilomètre environ d'Uzès, le domaine de Plantéry est en bordure de la route de Bagnols, sur la droite, au débouché d'un pont.

Ancienne possession du prévôt de la cathédrale, il appartint au baron d'Aigaliers puis, en 1702, à la famille de l'amiral de Brueys. Il appartenait au duc d'Uzès lorsqu'il fut acquis, en 1800, par Jacques Vincent. Les frères Vincent ayant fait fortune dans la soie, chacun acheta un domaine dans la région. Le général Vincent qui en hérita, remit en état le bâtiment ancien, l'entretint

* Chaîne faite de pierres de largeur inégale.

Plantéry peu après la construction du nouveau bâtiment.

et construisit un nouvel édifice accolé à la façade nord. Les propriétaires actuels sont ses descendants.

Description : La grille d'entrée s'ouvre sur un chemin carrossable menant en droite ligne à la façade exposée au couchant.

L'ensemble est sur plan en T, fait assez rare, le nouveau bâtiment étant construit en saillie vers l'est et vers l'ouest.

Un escalier en demi-lune monte en quelques marches à la terrasse en gravier bordée d'un parapet. Là se trouve, dans la partie ancienne, la porte d'entrée dans un encadrement en pierres de taille. Elle donne accès à une entrée modeste et directement à l'escalier de pierre à volées droites soutenues par des berceaux rampants.

Les tourelles d'angle, sur culs-de-lampe en anneaux concentriques, sont couvertes de dômes. Celle de l'angle sud, plus importante, est à deux étages séparés par un étroit bandeau et percés d'une baie. Une petite tourelle en quart-de-rond fait le lien entre l'ancienne et la nouvelle construction. Sous les toits de tuile à faible pente, l'élévation est d'un étage pour le bâtiment ancien et deux pour le bâtiment moderne. Toutes les fenêtres sont identiques.

À l'intérieur comme à l'extérieur, le constructeur a conçu le nouvel édifice en harmonie avec la partie Renaissance originelle : plafonds à la française, parquets de pin, cheminées en bois sculpté... Les meubles eux-mêmes, tout, dans les moindres détails, dénote un remarquable souci d'unité.

Le domaine d'une superficie de 10 hectares s'étend en partie sur la colline, sous la forme de garrigue aménagée. Le parc proprement dit longe, depuis la route, la rivière d'Alzon communiquant avec une pièce d'eau ou les crapauds s'expriment à l'envi. Autrefois un grand

* Il a été inscrit à l'inventaire des monuments historiques en 1963.

bassin rempli par une série de sources servait, depuis l'époque gallo-romaine, à alimenter l'aqueduc du Pont-du-Gard. Aujourd'hui, le bassin est asséché par suite des besoins en eau de la ville d'Uzès.

Le plus remarquable est, au fond du parc, le buffet d'eau dominé par un pigeonnier, datant du XVIIIe siècle*. Il est composé d'une niche centrale avec, de part et d'autre deux panneaux à refends, ceux-ci ornés de tableaux moulurés et d'une tête sculptée. L'eau était reçue dans une grande vasque en demi-cercle.

Le domaine de Plantéry est occupé par la propriétaire, Mme Vincent.

Château des Fouzes

Dans la plaine fertile des Fouzes, à 2 kilomètres d'Uzès, le château se situe à gauche de la route de Bagnols. Sa construction s'est réalisée en trois campagnes. La date de 1776 sur une poutre de la cave témoigne du bâtiment antérieur qui fut démoli en 1780*.

Le château des Fouzes à Uzès.

Un domaine immense incluant le moulin du Pont et le mas des Fouzes appartenait à Chambon de la Tour qui, au moment de la Révolution, était maire d'Uzès. Par héritages successifs, il passa à Lenthéric, inspecteur général des Ponts et Chaussées au début du XIXe siècle, puis à l'amiral de Brueys. Il changea de main plusieurs fois jusqu'en 1940, date à laquelle le ministère de la Guerre l'acquit et y installa une machine à décrypter les messages de l'ennemi. Puis la Kommandantur le réquisitionna. Après la Libération, des Indochinois y furent cantonnés en attendant de retourner dans leur pays.

* C'était depuis le XIIIe siècle une gentilhommière du duc d'Uzès.

Le château sortit indemne de toutes ces occupations. En 1953, M. Broche l'acheta à une société, la Star-Film, qui y développait ses films. Il en est aujourd'hui le propriétaire.

Description : Sur la route de Bagnols, le portail donne accès à une longue allée arrivant directement à travers le parc, à la façade méridionale du château. Celui-ci est construit sur un plan en quadrilatère avec, en avancée, deux tours carrées au toit de tuile à quatre pans. La tour située au levant est un peu moins haute, le troisième étage étant remplacé par un pigeonnier. La partie centrale comporte trois travées de deux étages sur entresol. Le bel escalier de pierre en son milieu est prévu pour descendre dans le parc depuis l'ancien hall d'entrée devenu un couloir distribuant les appartements.

Dans la pratique, on entre par la cour des fournisseurs à l'ouest. De ce côté la façade n'a pas d'entresol, seulement deux étages pour quatre travées, le terrain étant légèrement en pente.

À gauche de la cour, la magnanerie est aménagée en appartements. À droite, la cour est limitée par une série de garages, et le logement du gardien adossé à l'orangerie.

Le parc est agrémenté d'une petite bambouseraie à côté d'une pièce d'eau.

M. et Mme Broche se sont réservé un appartement au deuxième étage, les autres pièces étant occupées par des locataires.

VÉNÉJAN 12

Château de Saint-Georges

Situé dans un vaste domaine agricole de 300 hectares, à 3 kilomètres environ du village, en bordure de la départementale qui conduit à Pont-Saint-Espri, le château de Saint-Georges, mériterait plutôt l'appellation de maison de maître. Jusqu'à la fin du XIXe siècle, il faisait partie des possessions du château de Vénéjan*. Il est situé à 3 kilomètres environ du village, en bordure de la départementale qui conduit à Pont-Saint-Esprit.

---

* Cf. Marthe Moreau, *op. cit.*

Château de Saint-Georges à Vénéjan.

C'était un abri de chasse appartenant au baron de Fontmagne qui fut acheté par Michel Cote en 1875. Dans cette nature luxuriante, le petit-fils de l'acquéreur, Charles-Michel Cote, fit du domaine un exemple de grande propriété viticole à la pointe du progrès de l'époque et fit construire le château avec jardins, serres, jets d'eau... Il avait fait carrière en Éthiopie, dans le proche entourage du roi des rois, Haïlé Sélassié, qu'il reçut au château le 1er novembre 1954.

Mais déjà la fortune l'abandonnait et il n'avait pas d'enfants. La dernière représentante de la famille, qui s'était retirée en Suisse, vendit la propriété à M. Kastelbach dans les années 60. Revendu quelques années plus tard, le château est aujourd'hui partagé en deux appartements.

Description : Le corps central de trois travées à un étage, plus un demi-étage, se prolonge au nord et au sud par une aile en retrait moins haute. Le tout d'une longueur de 25 mètres environ. Le toit de tuiles du bâtiment principal est à quatre pentes les ailes à trois seulement. Une remarquable génoise à quatre rangs, signe de richesse, ceinture tout l'ensemble. On peut noter le nombre important de cheminées : trois au centre, quatre sur l'aile sud. Fenêtres et portes rectangulaires sont de grande dimension.

Les volumes intérieurs ont été transformés au moment de la vente et du partage du domaine, pour créer des appartements. On en compte deux au rez-de-jardin, trois au premier étage deux au second. Dans le grand escalier à cage carrée qui partait du hall au plafond très haut, la belle rampe en bois et les cartes techniques rappelant l'épopée de Michel Cote en Éthiopie ont disparu.

On ressent une certaine tristesse devant cette œuvre dénaturée par suite d'inévitables circonstances familiales et économiques comme on en rencontre trop souvent.

Table des matières

Achevé d'imprimer à l'imprimerie BETA
à Barcelone en août 2003

Dépôt légal : septembre 2003